KAMPENWAND
VERLAG

ISBN: 978-3986600747

Raiffeisenstr. 4 · D-83377 Vachendorf
www.kampenwand-verlag.de

Versand & Vertrieb durch Nova MD GmbH
www.novamd.de · bestellung@novamd.de · +49 (0) 861 166 17 27

Text: Kaveh Ahangar
Lektorat: Veronika Roman
Covergestaltung/Bildquellen: Lisa Wirth, Kampenwand Verlag
Satz: Buch-Werkstatt GmbH, Bad Aibling
Druck: Printed in Czech Republic
FINIDR, s.r.o. · Lípová 1965 · 737 01 Český Těšín

Kaveh Ahangar

Senf mit Safran

Eine feinfühlige Reise zwischen zwei Kulturen.

DRAMATISCH. WITZIG. INFORMATIV.

Die tagebuchähnlichen Geschichten und Eindrücke beruhen auf wahren Erlebnissen von Emigranten.

ERSTER TEIL

Ab welchem Moment fängt das eigene Leben an? Oft ist die Antwort: mit der Geburt. Die Wissenschaft diskutiert über den Zeitpunkt, in dem der männliche Samen die weibliche Eizelle betritt oder ein paar Tage danach. Für die Verwandtschaft gelten oft schon die Geschichten vor der Zeugung. Für mich beginnt mein Leben mit der ersten Erinnerung an den ausgehungerten, trockenen Boden unseres Gartens am Stadtrand von Abadan, im Südwesten des Iran.

Mein Großvater

Mit zwei Jahren hockte ich in diesem Garten und fixierte mit meinen Augen den Boden. So vieles habe ich vergessen oder verdrängt, doch dieser sinnliche Moment ist mir heute noch so klar wie damals. Die dünne Grasfläche gelb und trocken. Es hatte schon ewig nicht mehr geregnet. Der Boden hatte nicht diese dunkle gesunde Farbe, die man aus Gartenmagazinen kennt. Er war farblos braun und mit Rissen übersät. Risse, die grundlos tief in der Erde versanken und die Lippen verzweifelt nach ein paar Tropfen Wasser auffalteten. Wie ein neugeborener Vogel auf Nahrung hoffend. Doch es kam nichts, keine Wolken, kein Wasser, kein Tropfen. Nur brennender Sonnenschein. Für mich schien die Sonne jedoch angenehm und die Schatten der Bäume tanzten im anklingenden Wind. Die Gartentreppe zur Haustür war von zwei Keulenlilien flankiert, die wahrscheinlich schönsten und anspruchslosesten Gartenpflanzen der Siebzigerjahre. Wie Strandpalmen wuchsen sie heran. Mächtig und unerschütterlich standen sie wie zwei antike Säulen, die einem Palasttor zu seinem Wohlklang verhelfen. Ansonsten gab es keine Blumen, nur Stachelpflanzen, so weit das Auge reichte. Blühende Kakteen an der Macht. Alles passte harmonisch zusammen. Ein dürrer und doch paradiesischer Ort, umschlossen von einer hohen Ziegelsteinmauer. Ein Garten Eden, nur für mich. Keine Außenwelt, die meinen Einklang störte. Nichts drang durch diese Mauer. Nur die leichte Brise der künstlich gezüchteten Goldrosen des Nachbarhauses. Dieser Duft umschloss mich in der brennenden Hitze. Kniend verschmolz ich in einem abnormen Spiel und genoss es, die Blätter des Gebüschs abzureißen. Ein Blatt nach dem anderen. Ein Stück Leben nach dem anderen.

Eine bekannte Stimme rief nach mir. Ohne Widerrede oder einen Hauch von Rebellion stand ich auf und rannte ins Haus. Als Kind war ich fügsam und anpassungsfähig. Ich raste an meiner Mutter vorbei, ohne sie zu registrieren, und sprang in die Arme meines Großvaters. Kuschelnd an seinem warmen alten Körper und gestreichelt von seinen faltigen Händen; dies war der erste menschliche Körperkontakt, an den ich mich erinnern kann. Eine Wärme, die nur mit Liebe zu beschreiben ist. Er küsste mich, nahm meine Hand und biss sanft in mein Handgelenk. Ich ließ ihn gewähren und wartete gespannt auf das Endergebnis. Mit einem blauen Kugelschreiber zeichnete er aus dem schwach entstandenen Bisskreis eine Uhr mit allen Details. Die Zahlen, der Minutenzeiger, sogar der Sekundenzeiger waren vorhanden.

»Weißt du, wie spät es ist?«

Ich holte tief Luft, nahm all meine Kraft zusammen und rief: »Süßes!«

Lachend griff er in seine Hosentasche und gab mir einen rot glitzernden Diamantbonbon. Süßlich fremd. Ein Geschmack, der noch heute ein bestimmtes Gefühl in mir wachruft.

Meine erste Erinnerung. Es waren nicht meine Eltern oder mein erstes Spielzeug, sondern mein Großvater. Mein Großvater, den ich nach diesem Tag nie wieder sah. Eine Erinnerung ohne ein klares Gesicht. Die Temperatur, der Garten, die Uhr oder der Bonbon – all diese Elemente haben scharfe Strukturen, nur mein Opa ist verschwommen. Er starb, noch bevor ich mein drittes Lebensjahr erreicht hatte. Genauso verschwand auch sein Bild aus meiner Fantasie. Nur unscharfe Umrisse seines Antlitzes und ein paar lächerliche Erinnerungsfotos sind geblieben. Warum spielt das Leben Spiele, die ich nicht verstehe? Wäre ich heute ein anderer Mensch, wenn er da wäre? Er starb allein, Herzversagen. Niemand streichelte ihn in diesem Augenblick. Niemand malte ihm eine Uhr oder bot ihm einen feuerroten Bonbon an. Denn niemand war dort. Nicht einmal mein Vater, sein Sohn, seine Frau oder einer seiner Freunde. Er war allein. Nur die einsame Leere war mitten im Raum, wie ein Jäger, die ihn ohne Vorwarnung mitnahm. Erst sein Herz, danach seinen Atem und schließlich all seine gespeicherten Gedanken mitsamt seinem Enkel. Er war der erste Mensch, der mich ehrlich und ohne Erwartung geliebt hat. Ein Mensch, der meine Seele tief in meinem Herzen ergriff. Mein Großvater Roozbeh.

Meine Mutter

Im Anschluss daran kommt nichts mehr. Kein Gedanke. Keine Bilder mehr bis zum sechsten Lebensjahr. Ich kann mich an nichts mehr erinnern. Nur entglittene Denkzettel voller Traumata. Ein beabsichtigter Filmriss? Verdrängt oder nach Prioritäten geordnet lagen all diese Daten im unberührten Kellerloch meines Verstandes. Meine Kindheit war eben kein Disneyfilm. Das sechste Lebensjahr war nicht annähernd interessanter als die vorigen Jahre. Nichts Wichtiges zu berichten. Außer einige Spielbeulen und Abenteuerkratzer, Prügeleien mit meinem damalig besten und einzigen Freund Kurosh, Liebesentzug von meiner selbstsüchtigen Mutter, unvergesslich viel Prügel von meinem Vater und meine Hubschrauberkarten. Wie ich diese Karten geliebt habe. Sie waren mein Ein und Alles. Besonders die Nummer neunzehn, der Sikorsky mit den fünfblättrigen Rotoren. Verrückt. Komplette Jahre fehlen in meiner Erinnerung, aber die Helikopter sind mir geblieben, treu eingebrannt.

»Mama, komm … Mama!« Da stand ich, mit meiner perfekt konstruierten Stadt aus Legosteinen, und meine Mutter hatte nichts für meine Interessen übrig. Ich habe nie verstanden, womit sie beschäftigt war. Sie war den ganzen Tag mit mir in einem Haus und doch nicht da. Ich war oft allein. Eine jämmerliche Kindheit. Meine Mutter war Hausfrau und ich Einzelkind. Meine schönsten Momente mit ihr waren jedoch bei Tisch. Für einen kurzen und bescheidenen Augenblick gehörte sie mir, nur mir allein. Nach dem Essen trennten sich unsere Wege wieder und ich ging in mein Kinderzimmer und versank in meiner Legostadt. Diese Stadt hatte alles. Einen Spielplatz, einen Einkaufsladen, eine Bank, eine Postfiliale und unser Haus mit allen Details im Garten. Es fehlten nur noch Menschen. Doch ich entschied mich, sie alle ins Gefängnis zu sperren und die Stadt mir allein zu überlassen. Sogar meine Eltern waren eingesperrt. Die Stadt gehörte mir. Ich besuchte meine Eltern auch nie, um sie zu bestrafen. Lieber fuhr ich mit meinem Auto zur Post und überfiel die Bank.

Mein Vater

Ich habe nie hungern müssen und hatte ein Dach über dem Kopf. Es gab jedoch Tage, an denen ich lieber gehungert hätte, anstatt mit meinem Vater und seiner unkontrollierbaren Wut im Ring zu stehen und als Papaventil zu fungieren. Möglicherweise ist das Leid hungernder Kinder schlimmer, aber deswegen fühlte ich mich auch nicht besser. Egal wie ich mich bemühte, ein vorbildliches Kind zu sein, ich wurde trotzdem bestraft. Bestraft für Dinge, die ich nicht verstand.

Schon an dem Geräusch, wie schallend und brutal mein Vater die Haustür zuschlug, wusste ich, was mich heute erwartete. Heute würde ich nicht entkommen. Die Angst stieg wie Wolken über meinen Kopf und schauerte blitzartig nieder. Die Luft wurde stickiger und ich atmete flach. Leise und schnell räumte ich mein Zimmer auf, um ihm keinen unnötigen Vorwand für eine sinnlose Schlacht zu geben. Die ersten drei kniffligsten Minuten. Diese Minuten entschieden, ob an jenem Tag ein Kampf stattfand oder nicht.

Der Ringrichter gab jedoch schon die erste Runde frei. »Komm sofort runter!« Seine Stimme schnürte mir die Kehle zu und mein Herz pochte unrhythmisch. Meine Gefühle verbarg ich tief in meinem Innern, als ich die Treppen herunterschlich. Verstecken wollte ich mich nicht, das würde alles schlimmer machen. Diese Erfahrung hatte ich schon längst hinter mir. Jetzt nur nicht auffallen und ihm Anlass für eine Bestrafung geben. Ich sah ihn an und erkannte, dass er heute besonders geladen war. Sein aggressiver Gestank füllte den Raum. Er schaute mir in die Augen und gab mir ohne Vorwarnung zur Begrüßung eine Ohrfeige.

»Warum stehen deine Schuhe hier im Flur?«

Ich schwieg, denn jede Antwort wäre die falsche gewesen. Er holte tief Luft, neigte sich weiter herunter zu mir und wiederholte brüllend die Frage. Ich hatte keine andere Wahl, ich musste antworten. Meinen Blick ließ ich jedoch auf meinen Schuhen stehen, um seinen Augen zu entkommen, und sagte mit einer ängstlichen Stimme: »Sie waren nass.«

Gong. Die zweite Runde begann. Die erste Runde ging an meinen Vater. Mein Fehler. Die Schuhe hätte ich ohne eine Antwort sofort wegräumen müssen. Doch es war zu spät, er stieß mich wortlos auf den Flurboden. Dabei hob er seine rechte Hand, um mich zu bändigen. Ich lag seitlich auf dem kalten gefliesten Boden und zog meinen Körper rasch zusammen, um mich vor den kommenden Schlägen zu schützen.

Verzweifelt wartete ich auf die ersten Donnerschläge. Da fiel mein Blick auf eine gelbe Stiftmine. Ein Buntstift, den ich schon seit einigen Tagen vermisste. Mein verschollener Retter.

Ohne zu zögern, ergriff ich ihn, sprang auf und rammte den Stift in den Hals meines Vaters. Bevor ich überhaupt verstehen konnte, was geschehen war, veränderte sich auch schon sein Blick. Erschrocken und erstaunt guckte mich mein Vater wie ein harmloses Geschöpf an. Er zog den gelben, blutigen Malstift aus seinem Hals und fiel auf die Knie. Ich stand nur da und bewegte mich nicht vom Fleck. Sein Keuchen füllte das Zimmer. Nach Luft schnappend, ließ er schließlich meinen Malstift los. Stille. Nur die Laute von scheppernden Küchengeräten hallten an den kalten Flurwänden entlang. Die pechschwarzen Augen meines Vaters liefen rot an und er stürzte leblos auf die Kacheln. Das dumpfe Klatschen seines Körpers lähmte meine Angst. Nie wieder Schikane. Ich war frei. Ich wäre frei.

Natürlich waren das nur verzweifelte kindliche Gedanken, die ich in mir hegte. In Wahrheit lag ich auf dem Boden und wurde wie ein Tier zusammengeschlagen. Der gelbe Malstift schmunzelte vor sich hin und spiegelte meine Machtlosigkeit wider. Wie ein Vieh winselte ich zitternd und bat erfolglos um Vergebung. Leider hatte ich nur zwei Hände, um mich zu schützen. Die eine Hand schirmte mein Gesicht so gut es ging ab und die andere wanderte meinen Körper rauf und runter, um mit ein wenig Glück einige Schläge abzufangen. »Sei still«, lärmte er auf mich hinab.

Meine Mutter stand wie immer in der Küche, während ich um Erlösung winselte. Verlogen verdrängte sie meine Schreie, um sich nicht mit ihrem Gatten anlegen zu müssen.

Als mein Vater sich ausgetobt hatte, ließ er mich einfach liegen und ging weg. Ich sammelte meine Schmerzen von den kalten Fliesen ein, kroch in mein Zimmer und bereute es, den Stift liegen gelassen zu haben.

Mein bester Freund

Immer wenn alle Türen verschlossen scheinen, gibt es noch einen kleinen Lichtspalt namens Hoffnung. So funktioniert Überleben. In meinem trübseligen Leben gab es Kurosh. Er wohnte genau auf der anderen Straßenseite. Seine Familie war nicht so wohlhabend wie meine. Was heißt wohlhabend, sie waren arm. Sein Vater war ein konservativer mittelklassiger Klempner. Er war immer zugedröhnt mit Opium und sprach wenig. Mein Vater lästerte über ihn, als sei er selbst etwas Besseres. Kuroshs Mutter war streng religiös und trug immer ein Kopftuch. Er hatte fünf Geschwister und war der Drittjüngste im Bunde. Ein Sandwichkind. Er war sehr ruhig und introvertiert, konnte sich aber gut verteidigen. Mit fünf Jahren hatte er schon einen Siebtklässler zusammengeschlagen. Damit war er der Pate unter den Kindern unserer Straße. Ein Junge, der vor nichts Angst hatte. Und dieser Junge mit dem irren Blick war mein bester Freund. Im Kern war er jedoch der liebste Mensch, den ich kannte. Wir waren wie Batman und Robin.

Wir erforschten die Welt gemeinsam und gingen mit unserer Fantasie auf gefährliche Abenteuerreisen. In der glühenden Hitze der Stadt kletterten wir auf die Straßenbäume und erkundeten dort die unerforschten Lebewesen.

Einmal hockten wir auf einem Geäst und beobachteten einen Spatz. Er teilte mit uns die Sitzfläche auf einem Ast. Wir atmeten langsamer, um ihn nicht zu erschrecken. Dabei beobachteten wir nur einen Vogel. Heute, wenn ich vom Vogelgezwitscher geweckt werde, stehe ich genervt auf und schlage die Fenster zu. Der Mensch verändert sich und die Wahrnehmung der Umwelt mit ihm. Als Kind war ich neugierig auf die Welt. In der Pubertät rückte die Naturliebe nach hinten und mein Körper und das weibliche Geschlecht hatten die höchste Priorität. Im mittleren Alter sind Arbeit und Familie der Kernpunkt des langweiligen Daseins und im Rentenalter rückt die Natur wieder nach den Enkelkindern ganz nach vorne und man hat so wieder Zeit für die Amseln und Spatzen dieser Welt.

Der erste Schultag

43 Grad Celsius betrug die Temperatur an jenem Tag. Abadan, eine der heißesten Großstädte der Erdoberfläche. Diese Stadt hatte etwa 300.000 Einwohner und war mit eine der größten Raffinerien der Welt, ein iranisches Erdölzentrum. Der Alltag verlief hier in gemächlichem Tempo, bedingt durch die erstickende Hitze der Ebene von Chuzestan. Meine Aufregung ignorierte jedoch diese Hitze. Die Besucherklamotten wurden mir angezogen und die Haare gekünstelt zur Seite gekämmt. Wie eine orientalische Version des Kindes auf der Zwieback-Packung stand ich vor unserer Haustür. Unsere Adresse ist in meinem Gedächtnis inzwischen vollkommen erloschen, aber unsere Hausnummer elf ist mir noch in Erinnerung geblieben. Die kaum lesbare Nummer auf der dicken grauen Eisentür, zerkratzt durch die Zeit. Da stand ich nun vor der Tür und wartete auf die vergessene Handtasche meiner Mutter. Eine Frau, mit einem schwarzen Mantel verhüllt, öffnete laut quietschend die breite Eisentür des Nachbarhauses. Vollkommen in Schwarz

verschleiert stand sie in der Hitze da. Batmans Frau! Nein, es war nur Kuroshs Mutter. Sie sprach sehr selten. In ihrem bescheidenen Wortschatz gab es nur einen einzigen Satz. »Kurosh, komm ins Haus.«

Als Kurosh und meine Mutter kamen, schlenderten wir los. Wir waren wohl die ersten Kinder, die den Schulweg schon an diesem Tag allein vorgehen durften. Einfach nur geradeaus und am Ende eine leichte Linkskurve. Mein Elternhaus war das letzte Gebäude in der Straße, Kuroshs Haus ebenfalls. Obwohl die Straße noch weiterführte, war sie nur bis zu unseren Häusern asphaltiert. Alles Neubauten. Kuroshs Eltern konnten sich das Haus eigentlich nicht leisten. Es gehörte seiner Großtante, die angeblich derzeit im Ausland unterwegs war. Sie hatte einen reichen Großhändler aus Kuwait geheiratet und genoss ihr Dasein in vollen Zügen, indem sie ihre Familie spendabel und sehr nachtragend unterstützte. Kuroshs Vater hatte keine andere Wahl, er nahm die Demütigungen an und war herzlich dankbar.

Der Kiesweg hinter dem Asphalt führte direkt zur Grundschule. Nur zehn sandige Minuten Fußweg. Wir waren sehr aufgeregt. Schule, eine abenteuerliche Veränderung. Unsere Mütter watschelten wie Pinguine hinter uns her. Wir jedoch sprangen dem Sonnenaufgang entgegen. Wie Obstfliegen, die sich um die letzte verdorbene Nektarine sammeln, scharrten sich auch die Schulkinder mit ihren Eltern an der Schule zusammen. Eine kurze bedeutungslose Ansprache des Schuldirektors, Klassenaufteilung und schon waren die Eltern weg.

Ich landete mit Kurosh in einer Klasse. Was für ein Tag. Perfekt. Ich saß neben meinem besten Freund zwischen vielen neuen interessanten Gesichtern. Eine reine staatliche Jungenschule. Neugierig und unruhig warteten wir auf unseren Lehrer, der sich mit einem Kollegen vor der Klassentür unterhielt. Der Lehrer kam herein. Ein älterer Mann, Halbglatze, eine Lesebrille mit dicken Gläsern, ein leicht verschwitztes, weiß gestreiftes Hemd und eine dunkelbraune Hose, gehalten von einem hässlichen Hosenträger. Ein Lehrer wie aus den Zeichentrickserien. Erschaffen für die perfekte Satire. Im ersten Eindruck wirkte er lustig, tollpatschig und sympathisch.

Ich drehte mich langsam zu Kurosh und flüsterte ihm ins Ohr: »Er sieht aus wie der Apotheker in unserer Straße, wahrscheinlich ist das sein Zwillingsbruder.«

Kurosh prüfte sein Gesicht und fing sofort an zu lachen. Der Lehrer schaute ihn einen Augenblick gelassen an und schlug plötzlich mit der flachen Hand auf den Tisch. »Ruhe«, ermahnte er sehr dominant. Doch Kurosh konnte sich nicht beherrschen. Immer wenn er ihn ansah, musste er an den Apotheker denken.

»Wie heißt du?«

»Kurosh«, sagte er kichernd.

»Komm her.«

Kurosh stand auf und ging erheitert zum Lehrertisch. Der Lehrer nahm einen Kugelschreiber und schob ihn längs zwischen Kuroshs Finger, sodass zwei Finger abwechselnd unter und zwei Finger über dem Stift waren. Kurosh grinste noch immer und schaute mich belustigt an.

»Wenn ich rede, hältst du die Klappe«, appellierte wieder der Lehrer. Nach diesem Satz nahm er ein Lineal und schlug mit voller Wucht auf Kuroshs Finger.

Kuroshs Mimik veränderte sich ruckartig und seine Gesichtsmuskulatur fiel zusammen. Er zog schlagartig seine Hand weg, fiel auf den Boden und fing an zu weinen. Ich fühlte mich schuldig und konnte trotzdem vor Angst nicht handeln. Schweigsam saß ich da wie zu Hause.

»Sei still«, brüllte der Lehrer tollwütig. Kurosh dämmte seinen Kloß im Hals, drosselte seine Tränen, stand auf und ging unauffällig auf seinen Platz. Tränennass schaute er mich an und widmete danach seinen Blick dem dreckigen Fußboden. Kurosh hat nach diesem ersten Schultag nie wieder im Unterricht gelacht.

Die islamische Revolution

Alles sollte sich verändern und ich ging tagein, tagaus nur zur Schule und verbrachte meine restliche Zeit mit meinen Hausaufgaben. Das Land war in Aufruhr, im Untergrund kursierten Informationen über den Aufstand. Ich war ein Kind und nicht unbedingt an Politik interessiert. Aber aus der naiven Froschperspektive bekam ich vieles ungewollt mit. Alle sprachen nur noch über ein Thema. Die Veränderung.

Dank eines Putschs, der durch die US-Regierung genährt wurde, verließ der Schah Mohammad Reza Pahlavi am 16. Januar 1979 den Iran. Für mich war das wie ein Spiel. Die Menschen gingen auf die Straße und demonstrierten und ich stand mit meinen Eltern mitten im Geschehen und rief überzeugt: »Tod dem König!«

Schreie für die Freiheit. Millionen von Menschen vereint gegen ein versteckt korruptes Regime. Gemeinsam waren wir stark für eine gute Sache. Wir wollten uns befreien, wir wollten Iran befreien, ohne dabei unsere Kultur und Religion zu verlieren. Wir wollten zu unseren Wurzeln zurück und in Freiheit leben.

Somit kehrte Anfang Februar 1979 der Ayatollah Khomeini nach fünfzehn Jahren Exil wieder in das Land zurück. Zehn Tage später wurde die Regierung gestürzt und die Islamische Republik Iran ausgerufen. Vieles verwandelte sich. Der Koran wurde das Grundgesetzbuch für die Politik. Alle Frauen sollten plötzlich wie Kuroshs Mutter verschleiert herumlaufen, sogar meine Mutter. Sie quälte sich mit den Kleidungsvorschriften. Die allmählich wachsende Emanzipation der Frauen in den Siebzigern war vollständig stillgelegt worden. Sie wurde dauerhaft im Boden festgetackert.

Nissan Patrols, die robusten Geländewagen als Streifenwagen frisiert, streiften wie Hyänen durch das Land und sorgten für Ordnung. Frauen, die nicht verschleiert waren, wurden von der Kontrollpolizei in das Revier geschleift und durch verbale Beschimpfungen eingeschüchtert. Das Volk fügte sich der Waffengewalt. Iran brach wie eine Statue in sich zusammen. Meinem Vater gefiel die Situation gar nicht, obwohl er in der Massenerhebung ganz vorne mitmarschiert war. Er fühlte sich gefangen. Alkohol, private Partys, Bars oder Discotheken wurden unter der Akte Sünde nach moslemischen Normen niedergeschrieben. Die Medienwelt – ihre Fernsehsender, Spielfilme und die Illustrierten – wurde in Grund und Boden zensiert. Die persische Popmusik wurde verboten und viele

Künstler und andere Anhänger des Schahs und der verlorenen Monarchie verließen das Land. So wurde die Exilmusik aus dem Ausland geboren. Das Schmuggeln dieser heißen Ware aus der Ferne wurde über die Jahre perfektioniert. Das Volk erkannte den Schwarzmarkt offiziell an. Die sexuelle Enthaltsamkeit wurde allen aufgezwungen. Alles, was eine Gefahr darstellte, wurde als antiislamisch abgestempelt und mit Militarismus ausgemerzt. Die Ziele und Träume der wahren Revolutionäre waren somit verblasst.

Sogar unsere Schule veränderte sich. Wir wurden pausenlos wie Soldaten inspiziert, kahlrasiert und unsere Fingernägel und Garderoben wurden täglich kontrolliert. Nach den Pausen mussten wir uns auf dem Schulhof nach Jahrgängen in Reihen aufstellen und wie auf einem Laufband in die Klassen marschieren. Die Foltermethoden des Lehrpersonals blieben natürlich weiter bestehen, zusätzlich jedoch mussten wir den Koran lesen und wurden wegen unserer Eltern ausspioniert. Der Lehrer malte eine Alkoholflasche an die Tafel und fragte, wer so was schon mal gesehen hatte. Wenn sich ein Kind verplapperte, wurde sofort ein Streifenwagen zu den Eltern geschickt. Eine hinterhältige, aber schlaue Methode, die Sünder zu finden.

Die Bestechung

Nach der Revolution begann unser aller Doppelleben. Die private Innenwelt und die Außenwelt. Die Innenwelt versuchte, alle alten Werte und Normen beizubehalten. Die Außenwelt dagegen war ein Schauspiel, das man präsentieren musste, um sich vor Schikanen zu schützen.

»Hol uns hier sofort raus.« In einem kalten Raum mit kaltem Fußboden, kalten Männern und kalten Waffen stand ich mit meiner Mutter. Hinter einem großen Schreibtisch aus Holz, weit oben an der Wand aus einem goldenen Bilderrahmen schaute er mich an. Das Bild von Ayatollah Khomeini, unser Staatsführer. Ernst, monströs und dennoch beruhigend. Vertieft im Bild quetschte Mutter meine linke Hand vor tiefschürfender Angst.

Eine Dreiviertelstunde zuvor waren wir wegen ihr auf dieses Revier geschleppt worden. Im Chaos des Straßengetümmels spaltete ein tollwütiger Geländewagen unseren Weg. Der Wagen blieb genau vor unserer Nase auf dem Gehweg stehen.

Meine Mutter erstarrte und ließ ihre kleine Handtasche fallen. Zwei vollbärtige, militärgrün gekleidete Männer stiegen aus dem Wagen und sprachen meine Mutter auf die Kleidungsvorschriften an. Schließlich zitierten sie uns wegen einiger belangloser Haare meiner Mutter, die aus ihrem Kopftuch herausstanden, mit auf die Wache. Geschminkt wie eine Hure auf den Champs Elysées, schrie man meine Mutter an. Nach stundenlangen Demütigungen und einer Handvoll frischer Geldscheine meines Vaters waren wir wieder frei. Frei für den Moment. Monate später zielten alle Hoffnungen im Iran auf eine grundlegende Besserung des Landes. Alle hofften im Kampf auf den Niedergang des Monarchen, aber vor allem hofften sie auf bessere soziale Lebensverhältnisse. Stattdessen kam der Krieg.

Der erste Golfkrieg

Wir waren am Anfang der vierten Klasse. Unsere private Zweierclique hatte Zuwachs bekommen: Kurosh, sein dicker Cousin aus der dritten Klasse und ich. Wir waren die drei neuen Musketiere der Straße. Den pummeligen Kerl kann ich einfach nicht vergessen. Ein herzlicher Kumpel. Er weinte nie und war sehr robust. Deshalb durfte er auch mit uns Viertklässlern rumlaufen. Den ganzen letzten Sommer hatten wir zusammen verbracht und uns die größte iranische Wasserschlacht auf der Straße geliefert. Wir zogen die Wasserschläuche aus unseren Gärten auf die Straße und befüllten zwei Feuertonnen, die die Bauarbeiter stehen gelassen hatten, mit Wasser. Daraufhin nahmen wir alle Plastikflaschen, die wir im Haus finden konnten, und stachen mit einem Messer Löcher in die Deckel. Mit Kreide zogen wir einen großen Kreis um die Tonnen. Die neutrale Zone, die Auffüllstation. Außerhalb dieser Station gab es keine Gnade. Ich stürzte mich auf Kurosh, steckte ihm eine Flasche in die Hose und drückte mit beiden Händen die Flasche leer. Seine Unterhose war durchgespült. Der Wasserkrieg hatte begonnen. Spaß bis zur höchsten Ekstase. Doch es sollte nichts von Dauer sein. Krieg spielen war lustig, bis wir den wahren Krieg kennenlernten.

Niemand hatte gefragt, ob ich mitspielen wollte. Niemand hatte die Bevölkerung gefragt. Gleich zu Beginn des neuen Schuljahrs brach der erste Golfkrieg aus. Das Land war durch die Revolution geschwächt und voll mit Bodenschätzen. Die perfekte Angriffszeit für die giftige Schlange namens Saddam Hussein, der seine eigene Bevölkerung zum Kriegspielen zwang. Die entkräftete iranische Armee und die Unterstützung aus dem Westen ließen einen Angriff auf den Iran erfolgversprechend erscheinen. Außerdem kam Saddam Hussein ein Krieg für seine Machtsicherung nach innen sehr gelegen. Die westlichen Länder belieferten uns mit Feuerwaffen. Das Privileg des weißen Mannes. Er regiert die Welt. Kriege gibt es, weil der weiße Mann Geld verdienen will. Weltkriege gibt es, wenn der weiße Mann hungert. Und solidarisch wird er erst, wenn er Angst um seine eigene Existenz hat. Der erste Golfkrieg kostete eine Million Menschen das Leben. Acht blutige Jahre. Hauptsache, der Benzinpreis in den abendländischen Tankuhren stimmt.

Als Kind nimmt man den Krieg nicht so bewusst wahr wie die Erwachsenen. Man baut die Lage schneller in den eigenen Alltag ein und benutzt sie als Werkzeug für Spiele. Somit spielten wir nur noch Krieg und quälten uns gegenseitig. Wer im Spiel verlor, musste bestraft werden. Bügeleisen oder Feuerring. Beim Bügeleisen ging man mit der flachen Hand über die Haare und versuchte, dabei so viele Haare wie möglich nach hinten zu ziehen. Beim Feuerring griff man die

Hand des Gegenspielers beidhändig und drehte entgegengesetzt, bis die Haut sich wehrte. Diese Stelle fing dann an, wie ein Ring zu brennen. Die Foltermethoden der Kinder.

Der Großteil der iranischen Streitkräfte bestand damals aus schlecht bewaffneten Milizen. Der Irak genoss im Gegenzug erhebliche diplomatische und militärische Unterstützung vonseiten der Sowjetunion. Er bezog außerdem finanzielle Hilfe von anderen arabischen Staaten wie Kuwait. Zusätzlich wandten sich vor allem Frankreich, Deutschland und die Vereinigten Staaten von Amerika dem Irak zu und belieferten ihn mit Waffen. Wir wurden nicht ganz im Stich gelassen, einige Schlagstöcke und alte Waffen gab es auch für uns im Lager. So stand unser Land mit einer Überzahl an Söldnern den besser bewaffneten Irakern gegenüber.

Mit dem ersten Angriff auf die Stadt Chorramschahr verlor mein Vater seinen besten Freund. Ich hatte meinen brutalen Vater noch nie weinen sehen. Mir wurde bewusst, dass gerade etwas Schlimmes passierte, weil mein Vater weinte. Und so war es. Der Krieg kam und brachte zum Frühstück eine Scheibe Depressionen mit frischen Selbstmordgefühlen. Mittags gab es heiße Hoffnungslosigkeit mit einem Dessert von flockigen Wahnsinnsgefühlen. Zum Abendbrot sorgenvolle Schlaflosigkeit begleitet durch Sirenenmelodie und zum Naschen für zwischendurch feurige Bomben, frisch aus der Region vom Iraker nebenan.

Meine erste Leiche

Der erste Bombeneinschlag war für mich auch aus heutiger Sicht gesehen der, der mich am meisten traumatisiert hat. Ein heißer Dienstagnachmittag. Ich schob gerade mein Fahrrad nach draußen, als ich das erste Mal die Warnsirenen hörte. Dieser Ton sollte meine Angst noch viel öfter begleiten. Neugierig schaute ich mich um, um den Sirenenton zu lokalisieren. Ich stand mitten im Garten, festgekrallt an meinem Fahrrad, und sah die zwei Flugzeuge in der Luft. Ein blauer Himmel ohne Wolken, Natur vom Feinsten und zwei Fremdkörper. Ich hatte noch nie solche Flieger gesehen. Sie hatten keine helle Farbe wie Passagierflugzeuge. Sie waren schnell, dunkel und böse. Meine ersten irakischen Kampfflieger. Eins, zwei, drei, vier Bomben stiegen aus und wollten mein Land besuchen. Irakische explodierende Touristen. Meditativ beobachtete ich die Bomben bei ihrem trägen Fall, während meine Mutter ihren Arm wie eine Schlange um meinen Bauch schob und mich ins Haus schleifte. Boom.

Als die Bomben einschlugen, standen wir im Flur. Wir hatten die Fenster beklebt, um sie vor Detonationen zu schützen, aber sie hatten keine Chance. Alle Fenster zur Straßenseite zerbrachen und wir duckten uns reflexartig vor den Splittern. Meine Mutter schrie und zitterte um ihr Leben. Todesangst. Ich schloss meine Augen, drückte die Fäuste eng an meine Brust und öffnete meinen Mund, um dem lauten Knall entgegenzuwirken. Ich hatte nämlich meinen Erste-Hilfe-Kurs für Bombenattacken schon absolviert. Nur ein Atemzug Zeit und schon kam auch Nummer zwei, die noch lauter und mächtiger war. Sie schlug in die gigantisch lange Parallelstraße. Nach der Ersten hat man das Gefühl, ich habe es geschafft, ich habe überlebt, schlimmer kann es nicht werden. Naivität hat schon immer die kindliche Seele beschützt. Doch die zweite Bombe brachte mein Herz aus dem Takt. Der Druck auf meinen Ohren sprengte meinen Kopf, aber schirmte mich vor noch mehr Lärm ab. Nummer drei und vier kamen gemeinsam, aber weiter weg. Es wurde still und wir lagen immer noch da. Regungslosigkeit. Das laute Summen im Ohr ließ mich den Augenblick des Knalls nicht vergessen.

Unsere Muskeln lockerten sich nach und nach und meine Mutter ließ mich langsam los. Ich löste mich von ihr, stand auf, schüttelte den Angststaub von meinen Schultern und lief nach draußen, um meine Neugier zu befriedigen. Vom Garten aus konnte ich Rauch erkennen. Ich zog die große Eisentür auf und rannte auf die Straße. Die Stadt war gelähmt. Niemand zu sehen. Alle Menschen hatten sich wie Mäuse versteckt. Eine schwarze Wolke in der Ferne trug mein Lächeln. Es war deutlich zu erkennen. Märchenhaft. Sie hatten unsere Schule getroffen. Der Krieg hatte doch etwas Positives. Ich lachte und sprang in die Luft. »Wieder Ferien!«, rief ich laut. Als ich mich nach einigen Sekunden wieder beruhigt hatte und anfing, meine Umgebung visuell abzutasten, sah ich ihn.

Da lag er. Mit einem Splitter im Bauch lag er neben seinem Fahrrad. In einer Lache voller Blut lächelte er mich an. Seine leeren Pupillen spiegelten meine Kriegsangst wider. Sein Fahrrad hatte nicht einmal einen Kratzer abbekommen, nur die alten Roststellen waren wie immer da. Kuroshs Mutter kam schreiend aus dem Haus gestürzt und fiel auf die Knie. Sie nahm den blutigen Jungen in den Arm und fing an, schreiend zu beten. Ein lebloser Körper, hängend, blutig und kalt in ihren machtlosen Händen. Blut ist viel dunkler, als ich dachte. Meine Malkünste veränderten sich an jenem Tag zu denen eines düsteren Surrealisten. Ich konnte ihr Geschrei nicht ertragen und blieb dennoch machtlos stehen. Meine Mutter zog mich und Kurosh schnell in unser Haus. Kurosh war weiß angelaufen, still und verwirrt. Sein molliger Cousin war tot. Hinter der großen Eisentür des Gartens konnte ich das Winseln und die Schreie hören. Die Mutter betete laut, aber ihre Rufe wurden nicht erhört. Der Krieg hatte uns erreicht. Er war genau vor unserer Haustür.

Um all diese Eindrücke ertragen und verarbeiten zu können, fing ich an, Tiere zu quälen und zu töten. Bei der krankhaften Tierquälerei konnte ich Aggressionen abbauen. Das Tier funktionierte in diesem Augenblick wie ein Blitzableiter, ein unbewusstes Ventil. In so einem Moment war ich im Tunnel und verstand nicht, dass es sich hier um ein Lebewesen handelte. Ich legte meine Schuhferse auf eine unserer Gartenkröten. Ihre Vorderbeine zappelten und sie versuchte zu entkommen, doch ich drückte mein Fuß wie eine Walze langsam nach vorne. Dabei quollen die ganzen Innereien aus ihrem Maul heraus. Eine leere grüne Kröte und rote Grütze. Nur noch zwanzig Kröten. Ich war wie in Trance. Nach einer Viertelstunde nahm mein Tötungswahn ein Ende. Was für eine Sauerei. Eine Wiese voller Gedärme und Blut. Niemand hielt mich auf, da der Blick der Erwachsenen vom Krieg vollkommen vernebelt war. Sie waren gedanklich woanders. Die Grundbedürfnisse hatten die höchste Priorität, daher wurde auch mein Geburtstag öfter vergessen. Wenn möglich wurde einige Wochen später nachgefeiert, aber es fühlte sich nicht mehr so besonders an. Ich hasse »Alles Gute nachträglich«-Karten.

Der Kriegsalltag

Mein Hobby im ersten Kriegsjahr war, leere Gewehrhülsen und Granatensplitter zu sammeln. Wir spielten Verstecken mit dem Krieg. Der irakische Luftangreifer war der Fänger. Egal wo oder in welcher Situation wir waren, in der Toilette, unter der Dusche oder einfach nur draußen. Die Sirenen gaben das Zeichen, dass der Fänger mit dem Zählen losgelegt hatte. Das Spiel begann. Blaues Licht für »Sie Kommen« und rotes Licht für »Sie sind da«. Wir liefen so schnell wir konnten in den Keller und versteckten uns. Wenn man erwischt wurde, verlor man nicht nur diese Runde, sondern auch sein Leben.

Werktags gab es mehr Bomben als am Wochenende. Die irakischen Piloten waren sehr zuverlässig und immer pünktlich bei der Arbeit. Karte stempeln, losfliegen, bombardieren, zurückfliegen, Mittagspause, wieder losfliegen, zweiter Luftangriff, wieder zurück in den Irak, Karte stempeln und Feierabend. Sie brachten eine außerordentlich gute Leistung und streikten nie. Dienstleistendes Killerkommando.

Abadan war verloren. In den ersten Monaten wurden mehr als 20.000 tote Soldaten gezählt. Der Krieg lief zugunsten Iraks. An der Angriffsspitze gab es zu viele Verletzte. Die Ärzte hatte keine Zeit, um die Verletzten richtig zu behandeln, und Amputationen sparten manchmal sehr viel Zeit. Verletzungen mit zerstörten Adern, Nerven oder einer Zertrümmerung von Gelenken, die zu einer schweren Funktionsstörung führte, waren nichts Spektakuläres. Überall Blut und Leid. Glücklicherweise kam mein Vater auf die Idee, die Stadt zu verlassen und weiter nach Osten zu fliehen. Was anderes blieb uns auch nicht übrig. Da aber das Benzin verstaatlicht war und die Menschen nur noch mit Benzinmarken tanken konnten, war es äußerst schwierig, Tank-Coupons zu bekommen. Mein Vater hatte jedoch als Geschäftsmann gute Beziehungen zu diversen Leuten wie Ärzten, Anwälten oder zweitklassigen Staatsmännern. Mithilfe eines Doktors, der wegen seines Status als Retter der Nation unbegrenzte Coupons hatte, bekamen wir die Möglichkeit, Abadan zu verlassen. Vitamin B und Geld machten alles möglich.

Die Flucht

Ich hasse Abschiede. Kurosh saß angelehnt vor seiner Haustür und warf mit kleinen Steinen um sich, während ich meinen blauen Rucksack mit Spielzeugration für die nächsten Wochen in das Auto schmiss. Meine Eltern machten das Haus diebstahlsicher und hofften, dass es noch stehen würde, wenn wir zurückkommen sollten. Doch ich sollte das Haus nie wiedersehen. Der große Paradiesgarten voller Kakteen, mein Spielzimmer, meine Legosammlung und unsere lärmend hässliche Wanduhr. Der Krieg nahm mir mein Zuhause.

Kuroshs Familie beneidete uns, da wir die Möglichkeit hatten, zu fliehen. Doch der Neid der anderen Nachbarn in unserer Straße schwappte schnell zu Hass über und wir wurden als Feiglinge beschimpft. Meinen Vater kümmerte das nicht, da er die anderen Nachbarn für dumme Hinterwäldler hielt. Als Abschiedssignal betätigte er das Zündschloss des Wagens. Meine Mutter rückte ihr Kopftuch zurecht, umarmte Kuroshs Mama und drückte ihr mit Nachdruck etwas Geld in die Hand. Ich stand hinter dem Wagen und sah Kurosh an. Er weinte um seinen Freund und um den Krieg, der uns auseinanderriss. Ich weinte nicht, ich war sicher, ihn wiederzusehen, und erfasste die Situation in dem Augenblick nicht richtig. Er stand auf, wischte sich die Tränen aus dem Gesicht, schaute mir einige Sekunden in die Augen und lief ins Haus. Die Kurosh-Ära war beendet. In Gedanken vertieft sah ich aus dem Auto unsere Straße immer kleiner werden, bis sie vollkommen verschwand. Als wir durch die Stadt fuhren, konnte ich das Chaos des Krieges hinter der Autofensterscheibe beobachten. Meine Heimatstadt war gefüllt mit Steintrümmern und gebrochenen Menschen. Ein verzweifelter Vater, der ein kleinen Jungen in seinen Armen trug, schleifte seine Tochter neben sich her. Er zog an ihren Haaren, um sie wahrscheinlich vor den kommenden irakischen Soldaten zu schützen. Im Hintergrund nur bombardierte Häuser, Explosionsspuren, Trümmer und noch mehr verzweifelte Menschen. Überall Scherben und Rauch.

Wir fuhren nach Südosten in die Stadt Schiras zu meinem Onkel. Der Garten Irans. Übersät mit Rosen und geschmückt mit Sehenswürdigkeiten des berühmtesten Dichters Persiens. Auch hier konnte ich den Gestank des Krieges riechen. Er hatte einen verdreckten Schleier um das ganze Land gespannt. Wir waren nicht die Einzigen, die dorthin geflüchtet waren. Tausende von Menschen waren aus anderen Städten nach Schiras gekommen. Sie schliefen aus Not in Moscheen und auf der Straße. Wenn einen die irakischen Bomben nicht töteten, taten das die giftigen Reptilien, Ratten- und Schlangenbisse. Und als ob das nicht genug wäre, grassierte in dem Chaos die Cholera. Sie hatte sich durch die unzureichende hygienische Versorgung dank der Kriegsumstände verbreitet.

Mein Onkel umarmte meinen Vater und hielt ihn lange fest. Dann zauberte er einen Lolli aus meinem Ohr und öffnete seine Wohnungstür. Seine Hütte war überschwemmt mit zerschnippelten Zeitschriften und Zeitungsartikeln. Kriegsrecherche als Hobby. Eine kleine Wohnung mit einem alten flackernden Fernseher, einem abgewetzten Ledersofa, einer defekten Lavalampe und einer halb ausgetrockneten Zimmerpflanze. Eine sehr bescheidene Hütte, aber ein Palast für Kriegsflüchtlinge. Zum Abendbrot aßen wir Reis und Joghurt und machten uns lustig über unser armseliges Einweihungsessen. Mitten in der gemütlichen Stimmung fiel der Strom aus. Mein Onkel machte einige Kerzen an und wir reflektierten die Geschehnisse der letzten Monate. Jeder Mensch hat Probleme, die er im Leben selbst tragen muss, doch der Krieg ist ein gemeinsames Dilemma und war auch gemeinsam etwas leichter zu ertragen.

Zerfetzte Körperteile

Mein Vater und mein Onkel hatten sich in jungen Jahren dazu entschlossen, sich gemeinsam tätowieren zu lassen. Zu Ehren unseres Königs hatten diese Nationalnarren die geniale Idee, sich eine Königskrone auf den Oberarm stechen zu lassen. Dieses Symbol hätte sie in der damaligen Situation den Kopf kosten können. Daher mussten sie die tätowierte Tintenhaut mit Säure wegätzen. Ich versteckte mich leise hinter der Badezimmertür, um nichts zu verpassen.

Mein Onkel schrie: »Das reicht, ich kann nicht mehr.«

»Man kann aber noch die Spitze erkennen«, sagte mein Vater.

»Ok, nur noch ein paar Tropfen; aber beeil dich, es brennt wie Hölle«, klagte mein Onkel und biss sich auf die Lippen.

Einige Wochen inklusive einer hässlichen Narbe später waren ihre Schmerzen schon vergessen. Die Wohnsituation mit meinem Onkel brachte mir weniger Prügel ein. Mein Vater schlug mich nicht, da er keine Lust hatte, sich vor ihm deswegen rechtfertigen zu müssen. Die Kriegssituation verbesserte sich nicht und wir waren bei meinem Onkel ganze vier Jahre festgekettet. Ich ging dort zur Schule und lernte neue Freunde kennen. In der Schule gab es zwingend Arabischunterricht und wir wurden pausenlos zum Gebet verdonnert. In der großen Sporthalle, die für die Andacht umgestaltet wurde, versammelten sich alle Klassen zum Gebet. Sogar die Schulbücher fingen mit der Formel »im Namen Gottes« an.

Zwölf Uhr mittags. Ich packte meine Tasche und machte mich auf den Weg. Wegen der hohen Zahl Flüchtlingskinder gab es Vormittags- und Nachmittagsklassen. Die Schicht wechselte wöchentlich. Für mich war es wohltuend, nachmittags zur Schule zu gehen. Ich musste nicht so früh ins Bett und konnte viel länger schlafen. Also machte ich mich an jenem Tag ausgeschlafen und munter schulfertig und verließ die Wohnung. Einige Straßen weiter sah ich einen Ladenbesitzer die Straße vor seinem Geschäft fegen. Ein sehr freundlicher Mann, der mich mit einem höflich beruhigenden Lächeln grüßte. Pfeifend schlenderte ich den Schulweg weiter entlang. Überall Sand, Steine und Dreck auf dem Boden. Vom Universum aus betrachtet sind wir wie diese Sandkörner, die sich gegenseitig grundlos vernichten, anstatt ihr Leben und die Wunder dieser Welt zu bemerken. Es ist töricht, zu glauben, wir wären die intelligenteste Spezies. Wir sind nur zivilisierte Barbaren. Ich philosophierte gerne auf dem Schulweg, übertönte meine Gedanken jedoch später mit dem Walkman.

Vor der Schule angekommen, schlug unter Hundegejaule und ohne Sirenenvorwarnung eine Bombe ein. Ich fiel vor Schreck auf den Boden und kroch schnell in eine offene

Regenwasserkanalisation, die die ganze Straße säumte. Alles wiederholte sich. Die Bombe, der Druck, Schreie und die abschließend ruckartige Stille. Nur eines war anders. Ich war älter geworden, abgehärtet und kriegsresistent. Gefühlsimmun stand ich auf, schüttelte den Dreck von meinem Körper und rannte den Schulweg, neugierig auf die Detonationsstelle, wieder zurück. Da lag er auf der Straße, zappelnd ohne Beine neben seinem Besen, der langsam in seinem Blut verschwand. Seine Innereien verteilten sich auf dem Asphalt. Dunkler Saft spritzte aus seinem offenen Bauch und seine linke Hand wuselte von den letzten Nerven zuckend vor sich hin. Leere Augen. Wo waren nur seine Beine?

Ich fing an, Kriegstraumata zu sammeln, ein qualvolles Hobby. Der Anblick war viel widerlicher als damals in Abadan, doch das erste Bild des Todes sitzt einfach tiefer. In meinem Kopf entstanden viele Fragen. »Wie lange war er wohl noch so halbiert am Leben? Hatte er Schmerzen? Wer räumt das hier eigentlich auf? Wer ernährt jetzt seine Familie?« und »Ist es unmoralisch, wenn ich aus seinem demolierten Laden jetzt etwas klaue?«

Die Menschen krochen aus ihren Verstecken und fingen sofort an, unter den Trümmern nach Überlebenden zu suchen. Die Routine nach jedem Luftangriff. Wir hatten schon alle Paranoia. Die Angst überfiel uns sogar beim Anblick der eigenen Passagierflugzeuge.

Um nicht auf dem Schlachtfeld mit den Bodentruppen zu verlieren, heckte das Regime einen grausamen Plan aus. Mit dem Islam als Werkzeug für ihre Belange riefen sie Männer und Frauen dazu auf, ihre Söhne im Auftrag Allahs auf das Schlachtfeld zu schicken, um durch den Märtyrertod im Gefecht die ewige Glückseligkeit zu finden und ihre Familien stolz zu machen. Glaubensmissbrauch. Jugendlichen wurden Plastikschlüssel um den Hals gehängt mit dem Versprechen, dass sie sofort ins Paradies einziehen würden, wenn sie im Kampf gegen den Feind sterben. Die Kriegsfreiwilligen wurden hauptsächlich auf den Schlachtfeldern als Kanonenfutter eingesetzt und mussten über vermintes Gebiet laufen, um mit ihren Körpern den Sprengstoff auszulösen. Eine halbe Million dieser Schlüssel wurden aus Taiwan importiert. Ein Kriegsvertreter klopfte auch an unserer Tür, doch mein Vater verscheuchte ihn mit etwas Geld. Die Volljährigkeit wurde 1980 vom Wächterrat auf 15 Jahre festgelegt, damit die Jugendlichen ohne Erlaubnis der Eltern in den Krieg ziehen konnten. Der Krieg hatte seinen Tiefpunkt erreicht.

In der Morgendämmerung liefen die Jugendlichen über die Minenfelder ins Paradies. Ein grausamer Anblick für die nachrückenden Soldaten, all die zerfetzten Kinder sehen zu müssen. Dieser Zustand verbesserte sich später jedoch visuell. Denn vor dem Betreten der Minenfelder hüllten sich die Kinder in Decken ein und rollten auf dem Boden in das Minengebiet, damit ihre Körperteile nach der Detonation der Minen nicht auseinanderfallen konnten. Die unschuldigsten Opfer des Krieges.

Der Abschied

Obwohl mein Vater mich schlug und kein gutes Vorbild war, hatte er seine Grundprinzipien. Diese Prinzipien verweigerten es ihm, mich, seinen Sohn, hier im Krieg durch Bomben oder als Minenfutter zu verlieren. Daher schmiedete er mit meinem Onkel einen Plan, um uns aus dem Land zu schmuggeln. Das Ziel war Europa. Je mehr über die Planung gesprochen wurde, desto mehr fiel ich in freudestrahlende Fiktionen. Ich konnte schon die europäische Musik hören und sah in Gedanken die schweißtriefenden tanzenden Menschen. Überall Spaß, Partys und Freude. Abba mit Mamma Mia, Frankie Goes to Hollywood mit Relax und Nena mit 99 Luftballons. Alles wurde in meinem Kopf greifbar. Europa war keine Vision mehr, es wurde immer realer. Leckere Kekse, Windbeutel und sonstiges Gebäck aus der Konditorei, blitzsaubere Wohnung und brodelnder Tee.

Meine Eltern und ich saßen in der Wohnung meines Onkels und warteten auf den käuflichen Beamten, um über unsere

Ausreise aus dem Iran zu sprechen. Die Tür ging auf und ein gepflegter bärtiger Mann im grauen Anzug ohne Krawatte stand vor der Haustür. Er und mein Vater unterhielten sich knapp eine halbe Stunde lang und die Sache schien geregelt. Es gab zwei Möglichkeiten. Entweder mit viel Geld einen Mitarbeiter der Botschaft bestechen und eine legitime Einreisegenehmigung erkaufen oder über die Berge in die Türkei flüchten und mithilfe eines Schleusers ein Flugticket in die Freiheit ergattern. In beiden Fällen gab es natürlich keine Garantie, sondern nur die Hoffnung, dass der barmherzige Retter nicht mit dem Geld abhaute. Meine Eltern hatten fast alle ihre Ersparnisse ausgegeben und unser Haus in Abadan war wahrscheinlich durch Bombeneinschläge völlig zerstört worden. Daher konnten wir nicht alle gleichzeitig fliehen. Zu meinem Pech musste ich die Reise mit meinem lieben Vater antreten.

Alles ging viel zu schnell. Nach zwei Wochen war alles arrangiert, und ich verabschiedete mich von allen Freunden, packte meine Sachen und fuhr mit meinen Eltern und meinem Onkel nach Täbris, der größten Stadt im Nordwesten Irans. Ich konnte es kaum abwarten, Europa zu sehen, aber die Lebewohl-Geschichte machte mir trotz allem als Gegenpol sehr zu schaffen. Ich musste mich wieder loslösen, trennen von allem, was mir bekannt war. Nur mit einem Rucksack voller Klamotten und zwei Büchern sollte ich dort in ein Taxi steigen, das schon mit meinem Vater beladen war. Meine Mutter umarmte mich und sagte: »Alles wird gut.« Daraufhin streichelte sie mein Gesicht leblos und ging einen Schritt mit geneigtem Kopf zurück. Warum machte sie sich Sorgen? Ich war doch mit meinem Vater, diesem empathischen sanften Mann, unterwegs. Stimmt, alles wird gut.

Ich legte den Rucksack auf den Rücksitz und wollte auf die verschwitzten Taxiledersitze kriechen, als plötzlich mein Onkel meinen Arm ergriff, mich zu sich zog und umklammerte. Er weinte einige Sekunden, hob würdig seinen Kopf, wischte sich die Tränen langsam aus dem Gesicht und flüsterte mir mit sanfter Stimme ins Ohr: »Du schaffst das schon. Und vergiss nicht, den europäischen Mädels ein Küsschen von mir zu geben.« Daraufhin ließ er mich los, zwinkerte mich lächelnd an und schob mich langsam in Richtung des Wagens. Ich stieg ein, mein Vater zog die Tür zu und der Taxifahrer drückte direkt aufs Gaspedal. Ich atmete tief ein, drehte mich um und sah, wie meine Mutter und mein Onkel immer kleiner wurden, bis sie vollkommen im Straßenverkehr und Menschengetümmel von Täbris erloschen.

Die Türkei

Wir fuhren von Täbris nach Maku, eine Stadt exakt an der türkischen Grenze, die mit 50.000 Aserbaidschanern und Kurden besiedelt war. In Maku trafen wir die Zwischenschleuser. Sie waren unsere Grenzschmuggler und die Kontaktmänner des Hauptschleusers in der Türkei. 486 Kilometer türkisch-iranische Grenze. Irgendwo in dieser öden gebirgigen Grenzlinie gab es ein Schlupfloch, um verzweifelte Flüchtlinge über die Schranke zu bringen. Also machten wir nachts eine Wanderung über die Berge in die Türkei, während ich verträumt den sternenklaren Himmel betrachtete. Dumpfe Schritte, Kälte und Wind. Plötzlich hieß es: »Wir haben die Grenze überschritten.« Komisch, ein anderes Land, und die Sterne sind immer noch die gleichen. Die Welt hat keine Grenzen, nur wir beschränkten Menschen. Der Krieg war plötzlich verschwunden, er lag zwanzig Meter hinter mir. Nur zwanzig Meter hinter der Grenze.

Knapp einen Monat warteten wir in der Türkei, auf das falsche Visum hoffend. Eingepfercht in einem lausigen Zimmer mit fünf fremden Menschen, voller Sehnsucht auf Befreiung. Es sah langsam so aus, dass der Schleuser mit dem Geld verschwunden war. Mein Vater wurde nervös und verließ, ohne mir etwas zu sagen, das Zimmer. Zwei Tage verbrachte ich hinter den Gittern meines Verstandes, ohne ein Wort von ihm zu hören. Allein gelassen mit fremden Menschen, in einem fremden Land. Nur mit einer Wasserflasche und etwas Fettigem zu essen, vegetierte ich achtundvierzig Stunden in dem Zimmer vor mich hin. In einem schäbigen Zimmer an einem abgelegenen Ort in der Türkei, mit einer modrigen Schlafliege und einem kleinen Fernseher, der nur einen lausigen verschwommenen türkischen Sender empfing, kam ich mir vor wie in einem Gefängnis. In Fötusstellung liegend, hoffte ich nur, dass mein Vater nicht verschwunden war. Die Ungewissheit machte mich wahnsinnig und ich fing heimlich an zu weinen.

Überraschend öffnete mein Vater mit dem Schleuser die Tür und drängte uns: »Packt eure Sachen, wir müssen los.«

In einen verrosteten grünen Geländewagen ohne Fenster gequetscht, fuhren wir mit einem Kurierfahrer zum Flughafen. Sein Schnauzbart zappelte in dem warmen Windzug und wies uns den Weg. Ich war wütend und wollte mein Vater zur Rede stellen, doch wir kamen endlich vorwärts, daher schwieg ich. Keine Ahnung, was er die letzten zwei Tage getrieben hatte, doch er hatte es geschafft, und wir saßen schließlich im Flugzeug. Ich war froh, endlich in die Freiheit zu fliegen und die letzten harten Wochen in der Türkei zu vergessen.

Vier Stunden Flug. Anschnallen, abschnallen, essen, Toilettenbesuch, lesen, Menschen beobachten, schlafen und wieder anschnallen. Benebelt und regungslos saß ich wie eine Statue da und freute mich auf die neue Welt, die vor mir lag. Ich war vorher noch nie in einem Flugzeug gewesen und hätte viel interessierter sein müssen. Doch das Ziel »Europa« war für mich so surreal, dass ich vollkommen vergaß, die Eisenkiste, die mich in der Luft umschloss, zu bewundern. Ich wartete einfach nur, bis es so weit war. Im Flugzeug nahmen die Stewardessen den Leuten mit den falschen Pässen die Reisepässe ab und vernichteten sie. Alle machten mit; eine große Schmuggelmafia-Familie. Als es nach der Landung hieß: »Der Kapitän und seine Besatzung verabschieden sich hier in Frankfurt von ihnen«, spannten sich meine Flügel auf. Ich war bereit, in die Freiheit zu fliegen. Ich war bereit, mich selbst und die neue Welt zu entdecken. Ich hatte es geschafft. Es war kein leichter Weg, aber ich war angekommen.

Warum fahren Flugzeuge nach der Landung immer so langsam? Können sie nicht bis zum Parkplatz Vollgas geben und uns endlich erlösen? Mein rechter Fuß hörte nicht auf, zu zittern, und ich zerkaute meine Fingernägel. Die Sekunden verliefen wie Stunden. Das Flugzeug blieb schließlich stehen und die Menschenmasse kam in Bewegung. Alle standen auf und griffen nach ihren Taschen. Die Flugzeugtür wurde geöffnet und wir watschelten wie Pinguine langsam zum Ausgang. Ich platzte vor Aufregung, mein Vater hingegen wirkte sehr gelassen. Wir waren an der Tür angekommen. Die Stewardess lächelte mich an und winkte zum Abschied. Es war so weit. Mein neues Leben begann. Bundesrepublik Deutschland.

ZWEITER TEIL

Bundesrepublik Deutschland

Ich trat über die Schwelle und atmete Deutschland. Geprägt durch amerikanische Tanzfilme der Achtziger ging ich davon aus, dass die Menschen hinter der Tür unter Sonnenschein Breakdance auf Kartons tanzen würden und ich von glücklichen Zuschauern beklatscht würde. Doch es war kalt, still und dunkel. Einige Flughafenarbeiter waren beschäftigt und ein eisiger Wind pfiff. Mehr bekam ich im ersten Eindruck nicht zu sehen. Das Klima in Deutschland wird unter anderem vom Golfstrom beeinflusst, der das Wetter ungewöhnlich milde gestaltet. Ich wollte gar nicht wissen, wie kalt es normalerweise ohne den Golfstrom hier wäre.

Aus kindlicher Sicht bedeutete für mich Deutschland Freiheit, Fußball, Beckenbauer, Hitler, Mercedes und Nena. Doch hier sind die bekanntesten Komponisten, Dichter oder Wissenschaftler geboren und haben unsere Welt geprägt. Deutsches Kaiserreich bis zum Ersten Weltkrieg, verlorener Krieg, Weimarer Republik, prägende Periode des Nationalsozialismus, Zweiter Weltkrieg, Besatzung der Alliierten, Teilung in West und Ost und der Kalte Krieg. Die Deutschen hatten es geschafft. Frieden im Land, mehr als vierzig Jahre nach so einer Vorgeschichte. Keine andere Nation ringt so sehr um die eigene Identität wie Deutschland, aber sie wirkte erholt. Eine Leistung in so kurzer Zeit. Keine Kriegsruinen zu entdecken, alles war neu errichtet worden. Energie, perfekte Planung und Ausführung. Ich roch förmlich ihre Stärke in der disziplinierten Organisation. Wirtschaftlich standen die Deutschen ebenfalls ganz weit oben. Ein Industrieland, das mir alle Türen öffnete.

Der Asylantrag

Der Beamte, der uns gegenübersaß, kannte seine Routine. Für ihn stanken wir nach Asylantrag. Er machte einige Kreuze hier, mein Vater einige Unterschriften und Fingerabdrücke dort und – zack – saßen wir mit anderen zukünftigen Asylanten in einem Zug in unser neues Zuhause, ein Asylantenheim. Ein Motel voller Flüchtlinge schwankend zwischen Verzweiflung und Hoffnung.

Außerhalb des Flughafens war es schockierend und spannend zugleich. Alles wirkt farbiger und intensiver. Als wäre ich in einem modernen Paradies voller anders gekleideter Menschen. Ich fühlte mich sehr fremd, aber zugleich auch wohl in einem Bahnhof voller blonder Schönheiten ohne Kopftücher. Umgeben von freien Menschen und moderner Technik. Kompliziert und kostspielig, ein elektrischer Zug. Überall Stromleitungen, damit die Züge angetrieben werden können. Unser Zug war nicht so überfüllt wie im Iran. Alle hatten einen Sitzplatz. Alle deutschen Reisegäste waren ruhig und unauffällig. Seltsam, keine Gefühle zu deuten. Die Menschen waren leise und jeder war bei sich. Nur in einer Ecke glühte es. Ein Pärchen küsste sich mitten in der Öffentlichkeit. Das faszinierte mich, obwohl ich beschämt versuchte, immer wieder wegzuschauen. Doch küsste ich mit meinen Augen bis zum Schluss mit, die vollen zwanzig Sekunden. Gut, dass der erste Kuss, den ich beobachtet habe, kein homosexuelles Pärchen war, sonst wäre ich Bauerntrampel aus meiner Schockstarre direkt ins Koma gefallen.

Das war Freiheit. Niemanden interessierte die Situation. Alle Fahrgäste saßen nur so da und lasen Bücher oder blätterten in bilderlosen Zeitungen, während ein Liebespaar mittendrin nach meiner damaligen Vorstellung das volle Geschlechtsverkehr-Programm absolvierte.

Am Hauptbahnhof in der nächsten Stadt angekommen, fing ich an, alle Leute, die an mir vorbeigingen, freundlich zu grüßen. »Gute Taag.« Alle Menschen hatten es eilig. Einige schauten mich verwirrt an, andere ignorierten mich und eine ganz geringe Anzahl grüßte freundlich zurück. Meistens antworteten die älteren Herrschaften. Diese blieben auch mal stehen und plauderten etwas, was ich nicht verstand, worauf ich nur »Ja« erwiderte. Ich dachte, Deutsche hätten bessere Manieren und wären kultivierter. Null Höflichkeitsform. Nur die automatischen Schiebetüren der Supermärkte waren höflich, da sie von selbst aufgingen. Ist das nicht selbstverständlich, ältere Menschen zu grüßen? Hier wird man nur doof angeschaut, wenn man nicht gezielt kommuniziert. Sie gehen alle aneinander vorbei und bewahren ihre Distanz. Überall dieser Sicherheitsabstand, sogar beim Einkauf.

Wenn jemand in Deutschland aus dem Kühlfach eines Supermarktes den gleichen Artikel zur gleichen Zeit kaufen möchte, muss er warten, um nicht die Schutzmauer zu durchbrechen. Ein Schutzschild von einem Quadratmeter Distanz. Diese Quadratmeterzahl ist Privatbesitz und will nicht belästigt werden; die imaginierte Telefonzelle. Also wartet man, bis die Person den Kühlbereich mit den Käsesorten verlassen hat und in Richtung Butter und Milch wandert. Nun kann man selbst ungehindert an die sortierte Ware herankommen und ebenfalls absolute Käsemacht empfinden.

Die Flüchtlingsbaracke

Die Straßen: supersauber. Den Fußboden konnte man kilometerweit inspizieren und hätte kein Staubkorn an der falschen Stelle finden können. Keine Löcher oder Beulen im Asphalt, alles glatt. Ich muss mich korrigieren, dies war wegen der Stadtplage namens Hundehaufen nicht möglich. Zwei Stunden auf deutschem Boden und schon war ich in Hundescheiße getreten. Ich dachte, Europa wirft mir zur Begrüßung Rosenblüten vor die Füße und trägt mich über jede Schwelle. Genervt kratzte ich mir das braune Gelee mit einem Holzstiel aus den Sohlen und machte mich auf den Weg zu meinem neuen Schlafgemach.

Nach langer Suche stand ich mit meinem Vater nun vor dem Luxus-Hotel namens Asylantenheim. Von außen zwingend integriert im Stadtbild, geschmückt und versteckt hinter ansehnlichen Bäumen. Nach der schweren Holztür war man nicht mehr in Deutschland, die Sauberkeit blieb draußen. Ein modriger Waschsalon-Gestank schlich sich in meine Nase.

Quietschende Türen, kaputte Fenster, knarrende Treppen, nackte Flurwände. Wo waren die deutschen Normen geblieben? Hier konnte man sich in einem reichen Land arm fühlen.

Zimmernummer 08 im zweiten Stock. Kein Fahrstuhl, nur dreckige Stufen. Der ganze Flur roch nach billigem Reinigungsmittel Marke Essig. Die Freiheit wartete hinter der Villa 08. Ich öffnete die Tür und sah zwei verrostete und schlecht lackierte Aufsteckbetten; wie in einem vornehmen Gefängnis. Zwei klapprige Stühle und ein Kleiderschrank, sonst nichts. Unser kleines Zimmer lag neben dem Junggesellen-Raum – acht Personen aus sechs verschiedenen Ländern. Zwei von ihnen waren aus der Türkei, einer aus Marokko, ein Afghane, drei Libanesen, ein Iraner und ein Schocker – ein schwarzer Mann aus Ghana. Kohlenschwarz. Mein Vater stand im Türrahmen und unterhielt sich mit zwei der Insassen. Ich stand hinter ihm und beobachtete den Ghanaer. Er lag in seinem Bett, im Schatten der Wände versteckt. Nur seine weißen Zähne und die leuchtenden Augen waren vor der schwarzen Wand zu erkennen. Dreckige Mischlinge nannte sie mein Vater. Afrikaner, stinkende Bastarde. Für mich waren schwarze Menschen jedoch hervorragende Tänzer, Sänger oder Sportler. Doch die Erfahrung sollte mir zeigen, dass nicht alle von ihnen besser tanzen oder singen konnten. Sie stanken auch nicht. Sie waren so wie wir, so wie ich. Rassismus hat viele Gesichter, und zu glauben, dass eine Rasse in etwas besser ist, ist eins davon. »Du sprichst aber gut Deutsch«, mein Lieblings-Vorwort für positiven Rassismus.

Wir wurden im Heim gut aufgenommen. Irgendwie mussten wir ja zusammenleben. Wegen Verständigungsproblemen war man gezwungen, mit jedem Landsmann eine intensive Beziehung zu führen. Genauso taten das auch die drei Libanesen im Nachbarzimmer. Einer von ihnen wirkte nämlich viel gebildeter. In der Heimat hätte er sich nicht mit den anderen abgegeben. In einigen Jahren, wenn er seinen deutschen Pass bekommt, sein Medizinstudium zu Ende bringt und eine Praxis eröffnet, wird er keinen Kontakt mit den beiden anderen Libanesen haben.

Wahllos zusammengepfercht. Wir hatten die freie Wahl, zu gehen, aber wohin? Zurück nach Hause, wo das Verderben auf uns lauerte? Mein Vater fühlte sich nicht wohl, aber wir blieben hier. Einige gingen zurück in die Heimat. Manche wohlhabenden Ingenieure, die im Heimatland Häuser und Autos besaßen, wurden hier zwangsweise auf das Wesentliche reduziert. Kein Luxus für Flüchtlinge, nur Überlebensfutter. Für einige Menschen psychisch nicht ertragbar. Aber viele von ihnen hatten keine andere Wahl. Ich sah die Verzweiflung und Ausweglosigkeit in ihren Augen. Papa Deutschland gab uns ein Zuhause und etwas zu essen. Es gab jedoch nur einen Topf für Asylanten, und je mehr von ihnen nach Deutschland kamen, desto schlechter ging es denen, die schon da waren.

Die Überlebenskiste. Es gab Mensaessen und etwas Taschengeld für Seife, Shampoo, Rasierer, Zigaretten oder andere persönliche Bedürfnisse. Im Keller des Wohnheims gab es ein Klamottenparadies, wo man im Secondhandstil schlecht sitzende Jeanshosen ohne Farbe bekam. Mit solchen Klamotten war es unmöglich, das »nichts haben« gekonnt zu überspielen. Meine Ernährung kippte, da mir das Mensaessen und die deutsche Küche einfach nicht schmeckten. So ein

Geschmackssinn kann nur über die Kindheitsjahre erzogen werden. In diesem Land gibt es nicht umsonst so viele italienische oder türkische Restaurants. Bei einem Asylantrag in Italien hätte es bestimmt jeden Tag Pasta und Pizza gegeben und nicht Rotkohl, zermanschtes Kartoffelpüree und Würstchen. So was wie Leberwurst überforderte damals unsere persische Geschmacksgrenze. Nur die Getränke fand ich lecker. Orangensaft. Besser durchdachte Konsistenz als im Iran, aber dennoch weniger Geschmack.

Man muss sich echt gut auskennen, um hier richtig einzukaufen. Es gibt zehnmal mehr Auswahl von allem. Alles im Überschuss und doch weniger Geschmack. Kein Wunder, wenn Früchte gepflückt werden, während sie noch grün hinter den Ohren die Zollkontrolle überqueren müssen. Alles war irgendwie geschmacklos. Mein Vater lief die ersten Wochen immer mit einer Flasche Tabasco und einem Salzstreuer herum. Ich mochte die deutsche Küche nicht. Heute lebe ich damit, ich hasse sie nicht mehr, aber von Liebe kann man da auch nicht sprechen.

Der Kulturknall

In der ersten Woche mit meinem Vater in Deutschland hatte ich ein Vater-Sohn-Gespräch. Kein Aufklärungsgespräch, sondern wegen meiner Toilettenbesuche. Toilettenpapier statt Wasser? Daher hat die deutsche Sprache auch das Wort Klabusterbeere für kleine Kotkügelchen inklusive Toilettenpapierklumpen am Gesäß. Ich war schon damit überfordert, kein Wasser zu haben, und jetzt wurde ich belehrt, die benutzten Papiertücher nicht in den Müll zu werfen, sondern in der Kloschüssel mit herunterzuspülen. Immer diese Angst, dass alles verstopft ist und wieder zurückkommt.

So viele Alltagsdinge, die man neu lernen musste. Die Wochenumstellung war eines davon. Samstag ist Wochenstart im Iran und Freitag unser Sonntag. Hier muss man tatsächlich die innere Uhr neu ordnen. Freitag müsste doch dem Namen nach der freie Tag sein.

»Okay, das sieht lecker aus.« Mein Vater kaufte uns aus dem Supermarkt, der vier Straßen entfernt lag, leckere Kekse in einer langen grünen Verpackung. Sie schmeckten etwas fade, aber waren doch gut knusprig. Immerhin besser als das Essen im Asylantenheim. So schlenderten wir entspannt mit Milchflaschen und Keksen vor uns hin. Auf dem Heimweg sahen wir eine ältere Frau, wie sie ihren Hund mit den gleichen Keksen fütterte, die wir schon längst zerkaut und mit Milch runtergespült hatten. Mein Vater schaute sich die grüne Verpackung noch einmal genauer an. Ein Porträt eines süßen Hundes. Das musste aber nichts bedeuten. Wir rannten zurück und flitzten den Flur entlang in die Mensa, wo zwei der libanesischen Zimmergenossen saßen. Mein Vater schlug die Keksverpackung wie Pokerkarten auf den Tisch und gab ihnen mit Handzeichen zu verstehen, dass wir diese Kekse gegessen hatten. Sie lachten, bis ihnen die Tränen kamen. Der dritte Libanese stieß dazu, wurde von seinen Kumpanen aufgeklärt und fing ebenfalls an zu lachen. Wir waren wohl nicht die Einzigen, denen das passiert war, da einer der Libanesen mit dem Zeigefinger auf der Brust diese Sachlage mit Kopfnicken bejahte. Mein erster Keks in Deutschland war Hundefutter. Wie soll man auch darauf kommen, dass sogar Tiere hier Einkaufsregale besitzen. Ich dachte, die schönen Hunde und Katzen auf den Verpackungen sind nur Dekoration.

Das war nicht das einzige Problem. Mineralwasser gab es in Iran nur in Krankenhäusern für bettlägerige Menschen, und hier bekommt man überall nur Wasser mit Kohlensäure. Bananen waren im Iran extrem teuer, daher hatte ich sie immer nur in Filmen in Affenhänden gesehen. Schwarzbrot, die dunkle Seite einer Stulle. Schafskäse würde sich weigern, auf so was zu liegen. Knödel und Kartoffelbrei, was für eine lahme Konsistenz. Sauerkraut, dieser abnorme Duft. Meine Kindheit wurde ernährungstechnisch hier gestoppt. Einige Sachen, die ich gerne aß, gab es in Deutschland einfach nicht. Ich entdeckte viele neue Süßigkeiten wie Fruchtgummis, die ich immer noch liebe, aber alles andere war verschwunden. Saures Fruchtleder vermisste ich zu jener Zeit am meisten. Es besteht aus ungezuckerten pürierten Früchten, die nach der Trockenzeit eine lederartige Struktur bekommen. Gesund, sauer und lecker.

Hinter dem Asylantenheim verlief ein steiler Kiesweg, der nach einem Kilometer in einem idyllischen Ententeich mündete. Nach einem halben Jahr gab es dort keine Enten mehr, da die Asylanten diese Tiere als Grillfleisch missbrauchten. Tierschutz war damals ein Fremdwort für uns. Die Priorität eines Flüchtlings ist es, als Mensch zu überleben. Im Iran wurden Tiere damals wie Dreck behandelt und mit Steinen beworfen. Und hier darf man die Enten nicht mit Brot füttern, da ihre Mägen aufquellen. Tiere haben hier mehr Rechte und werden besser geschützt als Menschen in manch anderen Ländern. Deutschland ist wirklich eine andere Welt. Sie bauen mit Steuergeldern Amphibiendurchlässe, um den Kröten eine sichere Straßenüberquerung zu ermöglichen. So etwas ist im Iran unvorstellbar.

Die osmanische Schelle

Es vergingen nicht mal zwei Monate und mein Vater fiel wieder in seine alte Rolle. Ohrfeigen waren locker zu ertragen; das war ja schließlich seine Erziehungsmaßnahme. Doch es war unvermeidlich, dass ich irgendwann wieder richtig mit ihm im Ring stehen würde. Er fühlte sich sehr unwohl in Deutschland und war daher nicht besonders gut gelaunt. Inzwischen war ich größer und pubertär geworden und wehrte mich auch mal verbal. Er schrie mich an und gab mir wieder eine Schelle. Doch etwas war anders an jenem Tag. Ich fühlte mich unbesiegbar und schubste ihn weg. Überrascht und vor Wut kochend, ging er auf mich zu. Was nun? Rocky gegen Creed? Nein, ich wich aus, rannte aus dem Zimmer und betätigte im großen Heimflur den Notfallschalter, den ich vor einigen Tagen entdeckt hatte. Ich schrie, legte mich auf den Boden und ging in meine Schutzhaltung. Mein Vater rannte auf mich zu, griff gezielt nach meinen Haaren und versuchte, mich schnell ins Zimmer zu zerren. Doch es war zu spät, die Menschen kamen aus ihren Zimmern und mischten sich ein. Der Zivildienstler, ein Wärter des Heims, sprang zwischen uns, nahm mich mit ins Büro und rief Herrn Schneider an.

Herr Schneider war ein kahlköpfiger Hawaiihemd tragender Sozialarbeiter. Er war der Leiter des Hauses und beschäftigte eine Sozialarbeiterin, eine Sekretärin, einen Hausmeister und drei Zivildienstler. Bis zu diesem Tag war er mir nicht positiv aufgefallen, er wirkte sachlich und kühl. Doch diese Eigenschaften sollten mich retten. Die nächsten zwei Tage schlief ich auf den Notfallbetten der Zivis im Büro. Mit Herrn Schneiders Hilfe hatte ich nun die Möglichkeit, in Deutschland Fuß zu fassen. Viele Telefonate, Formulare, Unterschriften und lange Gespräche mit meinem Vater brachten folgendes Ergebnis. Mein Vater wollte zurück nach Iran, wollte mich aber hierlassen. In Deutschland war er ein Niemand, nutzlos. Er konnte kein Deutsch, hatte keine Familie, die ihn unterstützte, keine Arbeit, keine Freunde und wurde immer depressiver. So bekam ich als Geschenk das Gegenteil einer Familienzusammenführung. Herr Schneider hatte es geschafft, mir deutsche Ersatzeltern zu besorgen. Mein Vater packte seine Sachen, verabschiedete sich und war plötzlich fort. Alles ging wieder so schnell. Meine Mutter verfluchte ihn, doch innerlich hielt sie es für die richtige Entscheidung.

Da stand ich nun, ein Kind allein in einem fremden Land, dessen Sprache ich nicht sprechen konnte. Mein Vater hatte mich verlassen. Ich hatte Angst, fühlte aber die Freiheit. Ich wurde in einem Zimmer auf dem Dachgeschoss einer vierköpfigen Familie namens Kramer einquartiert, zwei Blocks vom Heim entfernt. Ich hatte Glück, andere mussten bis zu sechs Jahre in einem Asylantenheim verbringen. Ohne Arbeitserlaubnis, Sprachkenntnisse oder deutsche Schulbildung waren die Zukunftschancen gleich null.

Sexualität

Die Junggesellen im Heim kannten mich nicht, sie suchten aber eine Gelegenheit, feiern zu können. So konnten sie ihrer einsamen Situation und ihrem Heimweh mit genügend Alkohol einige Stunden entrinnen. Mit Gemeinschaftsgefühl den Depressionen entgegenwirken. Sie schmuggelten mich in eine Kneipe und feierten mit mir bis zum Morgengrauen. Silvester 1985. Der Mitternachtskrach war grauenvoll. Diese ganzen Knaller und heulenden Raketen erinnerten mich an den Krieg. Ich versuchte, diese Gefühle zu unterdrücken, und hustete meine Lunge mit der ersten deutschen Zigarette aus. Der Krieg hatte sich in meinem Kopf eingebrannt. Ich hatte sogar Angst vor Rettungshubschraubern, alles Unnatürliche in der Luft machte mir damals Angst. Zwei der Libanesen waren strenge Moslems und tranken keinen Alkohol, aber ich bekam damals mein erstes Bier. Alkohol in der Öffentlichkeit ohne Anspannung oder Peitschenschläge, ganz entspannt. Wie soll man sich so nur unter Kontrolle haben, um kein Alkoholiker zu werden?

Eine verrauchte, dunkle Kneipe, besoffene Stammgäste und wir – auffällige Ausländer in einer muffigen Sitzecke. So viele dunkelhaarige und dunkelhäutige Menschen hatten die eingeborenen Stammgäste nur im alten Anthony-Quinn-Film »Lawrence von Arabien« gesehen. Verstohlen schauten sie uns an und machten sich Sorgen um die Zukunft des Abendlandes. Wir ignorierten sie und genossen den Augenblick. Dennoch spürte ich zu jener Zeit zum ersten Mal das Gefühl, »nicht willkommen zu sein«, das mich hier immer unterschwellig begleiten sollte. Später verdrängt man solche Gefühle, da man immer so gesehen wird und sonst nichts anderes kennt. Deutschland kann eigentlich nicht integrieren, es toleriert, duldet oder besser gesagt erduldet uns.

Als der Alkoholpegel der anderen Gäste hoch genug war, wurden wir angepöbelt und gerieten in eine Schlägerei. Gewalt war uns nicht fremd. Ich war zu jung, um Prügel zu kassieren, und wurde verschont. Doch als ich unter dem Tisch gekrochen war, fiel mir eine Flasche ins Gesicht und schnitt mir die erste deutsche Narbe auf die Wange. Geduckt rannte ich auf die Toilette, um meine Wunde zu inspizieren. Da stand ich nun zehn Minuten lang und schaute mir die Kiste genauer an. Ich vergaß die Prügelei und blendete die dumpfen Schläge hinter der Tür aus.

Okay, ich hatte binnen zwei Monaten in Deutschland schon vieles gesehen. Knutschende Pärchen, Riesenbananen, Afrikaner, Hundefutter in Supermärkten, elektrische Züge, Klopapier und Rassismus. Aber noch nie so ein Gerät. Es sah aus wie ein Zigarettenautomat, aber spendete keine Sargnägel. Das Gerät war weiß, dreckig und etwas kleiner als ein

Zigarettenautomat. Hinter seiner kleinen Fensterscheibe waren nackte Frauen auf kleinen bunten Päckchen abgebildet. Ein Kondomautomat. Ich wusste gerade mal seit einigen Monaten, was Kondome überhaupt waren, und schon gab es Automaten dafür. Freizügigkeit bis zur absoluten Grenze. Warum brauchen Deutsche Kondome in Automaten? Das muss dringend sein, genauso wie Zigaretten. Ein glückliches Volk, sie rauchen genauso viel, wie sie Sex haben. Ich werde bestimmt auch Kettensexer.

Sex ist in Morgenländern ein Tabuthema. Kinder dürfen gruselige oder gewalttätige Filme sehen, doch eine harmlose Kussszene sorgt für Fernsehverbot und sofortige Verbannung aus dem Wohnzimmer. So bin ich groß geworden und dachte, Masturbation ist eine seltene Krankheit, die nur mich betrifft.

In dem Flüchtlingsheim gab es einen Aids-Aufklärungstag für prüde Asylanten. Alle saßen mit Scham übergossen da und versuchten, die peinliche Situation mit Witzen zu verschleiern. Der Workshopleiter legte Kondome auf den Tisch und zog eins davon über einen Holzdildo. Mit jedem abgerollten Zentimeter dieses Latexwunders wurde sein Publikum röter, bis eine verschleierte Frau beleidigt aufstand und den Raum verließ. Die Junggesellen fanden das lustig, nutzten die unruhige Situation und klauten den Holzdildo, um ihn später als Küchenstampfer für orientalische Gerichte nutzen zu können.

Es gibt Sachen, die einem nach Jahren erst bewusst werden. In der Gegenwart lebt man einfach damit, aber später findet man manches abartig. Ich habe mich damals immer über

Klaus lustig gemacht, doch heute widert er mich an. Er parkte jeden Nachmittag vor dem Heim in der kleinen Nebenstraße. So was spricht sich schnell herum. Jeder, der ein wenig leichte Kohle verdienen wollte, konnte mit ihm mitfahren. Keine Schwarzarbeit auf der Baustelle. Er bat jedem jungen Menschen, der ihn befriedigte, 50 Deutsche Mark an. In einem Heim sind 50 DM eine Menge Geld, und wer keine Albträume bekam und recht gut im Verdrängen war, tat Klaus diesen Gefallen. Mir blieb es erspart, da ich durch meine neue Situation mit der Ersatzfamilie keine großen Geldnöte hatte.

Nach dem Gemetzel fanden mich die Jungs beim Kondomkauf auf der Toilette und zogen mich aus der Kneipe. Trotz Alkohol und zwei Schichten Klamotten war mir immer kalt in Deutschland. Gefangen hinter den Windzügen des Winters ließ ich die Eindrücke Revue passieren. Wird mich Rassismus jetzt immer begleiten?

Integration

Ich wurde zum falschen Zeitpunkt am falschen Ort geboren. Mein Leben war nicht nur durch interne Familienprobleme angeschlagen, sondern durch mein ganzes Umfeld. Wenn ich meine Familiensituation nicht berücksichtige, bleiben nach der Geburt die Revolution, das Verlangen nach Freiheit, der Krieg, die Heimatlosigkeit und die Intoleranz im Ausland. All diese Lasten zu tragen, ist sogar für einen Erwachsenen schwer.

Refugees Welcome. Ich wollte nie freiwillig mein Land verlassen. Ich hatte keine andere Wahl. Niemand verlässt seine Heimat freiwillig. Es muss immer einen sehr guten Grund dafür geben, um sich von seinem Ursprung zu trennen. Auch die Gastarbeiter, Türken oder Italiener, die inzwischen in der dritten Generation in Deutschland leben, hatten ebenfalls ihre Gründe. Hier hatte sich Deutschland wirklich verrechnet. Arbeiter rein, Arbeiter raus. Diese Formel ging nicht auf. Wenn Menschen irgendwo lange arbeiten, verfestigt sich auch ihr Privatleben an jenem Ort. Die Maßnahmen in den frühen Achtzigern, die Gastarbeiter in ihre Heimat zurückzuschicken, scheiterten ebenfalls. Es war zu spät. Diese Menschen hatten Deutschland mit aufgebaut. Sie hatten Kinder, die hier geboren waren, und Freunde, die hier gestorben sind. Daher hätten sie es verdient, von Anfang an integriert zu werden.

Als Einwanderer hier zu leben, ist schwer. Es ist ein rastloses Pendeln zwischen der Aufnahme neuer und der Annahme alter Werte. Dabei kann schnell das Gleichgewicht verloren gehen. Eigenreflexion ist daher immer vonnöten. Ist man zu deutsch, mögen einen die eigenen Landsleute nicht mehr, und ist man zu türkisch, zu marokkanisch oder zu iranisch, gibt es kulturelle Konflikte. Dazu kommt noch, dass sich der Ausländer ständig als guter Mensch beweisen muss, um Schranken unauffällig zu passieren. Er trägt die Beweislast, zu den Guten zu gehören. Am Ende dieser kraftraubenden und nervenzermürbenden Bemühungen ist man integriert, aber seelisch erschöpft. Während die Einheimischen ihre Energie in Karriere und Hobbys investieren, hinken Ausländer immer einen Schritt hinterher. Ungleiche Voraussetzungen führen zu ungleichen Ergebnissen – frustrierend. Während der Deutsche mit zwanzig Jahren mitten im Studium steht, ist der Ausländer noch mit dem Thema »Wer bin ich eigentlich und wo gehöre ich hin?« beschäftigt.

Pausenlos Missverständnisse. Da gab es türkische Kinder, die bei ihrer Einschulung nicht ausreichend Deutsch sprachen und nur darum in Sonderschulen eingewiesen worden waren. Türkische Generalkonsulate versuchten vergeblich, die Kinder dort wieder rauszuholen. Mädchen, die Freiheiten ausleben wollten, wie ihre deutschen Freundinnen sie genossen, wurden von ihren Vätern misshandelt, eingesperrt oder in der Türkei verheiratet. Andere wurden von ihren Familien verstoßen. Migrantenkinder werden immer von zwei Kulturen attackiert und sind zwischen diesen hin- und hergerissen. Hauptaufgabe: innerlich eine Balance zwischen diesen Kulturen zu finden.

Die Einsamkeit

Leben bei Familie Kramer. Wolfgang Kramer, von Beruf Realschullehrer. Ein Mann Mitte 40, ovale Brille, lockige dunkelbraune Haare, immer dunkle Wollpullis und ein Vollbart. Er war verheiratet, hatte zwei Kinder von vier und sieben Jahren und noch genug Energie, gemeinsam mit seiner Frau eine Wohltat zu begehen. Auf mich hatte er in den Jahren nicht viel Einfluss, da ich ihn kaum sah. Ich frühstückte lediglich mit der Familie und machte hin und wieder mal einen Einkaufsbummel mit ihnen. Ansonsten ging ich meinen eigenen Weg. Sie ließen mich auch in Ruhe. Ich besuchte brav die Schule. Die ganze restliche Zeit verbrachte ich im Asylantenheim. Deutsche wirken kühl, aber werden herzlich, wenn man sich ihnen öffnet. Mit den anderen Flüchtlingen konnte ich mich jedoch besser identifizieren. Sie gingen den gleichen Weg und hießen mich ohne Fragen willkommen.

Noruz, das persische Frühlings- und Neujahrsfest. Nach einigen Monaten bei Familie Kramer hatte ich mich immer noch nicht an ihre Art gewöhnt. Die Familie war wie jeden Dienstag weggefahren, um Wolfgangs Großeltern zu besuchen. Draußen regnete es sehr stark und ich hatte keine Lust, irgendwo hinzugehen. Da saß ich nun an einem kalten regnerischen Tag und meditierte mit der Raufasertapete, während ganz Iran glücklich das Neujahr feierte. Lachen, leckeres Essen von Safranreis bis Süßgebäck, Freunde, Geschenke, der Frühlingsduft, Neujahrsdekoration und die fröhliche Atmosphäre der Menschen fehlten mir an diesem Tag unbeschreiblich. Mich überfiel ein Gefühl, das ich noch nicht richtig erforscht hatte. Die Einsamkeit. Sie schlich langsam vom Mittelpunkt Bauch nach oben und suchte mich heim. Sie kroch zwischen all meine Gehirnstränge und weckte jeden einzelnen schlechten und depressiven Gedanken in mir. Heimweh schmerzt.

Einsamkeit ist ein Zustand, den ich erst hier in Deutschland kennengelernt habe. Die dauerhafte Isolation. Jetzt verstehe ich es! Deswegen haben alte Menschen in Deutschland Haustiere. Tiere als Menschenersatz. Etwas, wofür es sich zu leben lohnt. Ein Lebewesen, das dich nicht im Stich lässt. Wie traurig.

Im Iran ist man nie allein. So etwas hat seine Vor- und Nachteile. Hier lässt man dich in Ruhe und dort mischen sich alle in dein Privatleben ein. Die Familie, die Verwandten, Freunde, der Nachbar und sogar der Obstverkäufer auf der anderen Straßenseite. Sie nehmen dir all deinen Raum und wollen mitentscheiden. Und das alles ohne deine Zustimmung. Doch eines tun sie nicht, sie lassen dich nie allein. Es gibt immer einen Menschen, der dir hilft und immer da ist, wenn du ihn brauchst.

Die Schulbus-Theorie

Wo ist der Unterschied zwischen Iranern und Deutschen? Der Iraner liest von rechts nach links, was in Deutschland das Schreiben und Bücherlesen mit der letzten Seite am Anfang sehr erschwert.

Zweiter Unterschied: Ein Schulbus, vollgepackt mit 40 Schülern, fuhr im Iran auf einer steilen Straße gegen eine Wand. Keiner überlebte diesen Unfall. Als Unfallursache wurden die fehlerhaften Bremsen des Schulbusses genannt. Die Story kam in die Medien und die Straße ging in die Geschichte ein. Die Schulbus-Tragödie. Zwei Jahre später fuhr wieder ein Bus die gleiche Straße mit genauso vielen Schülern an Bord den Abhang hinunter. Déjà-vu. Der Busfahrer bemerkte sehr schnell seine defekten Bremsen und kündigte dem Autofahrer auf der Nebenspur seine Notlage an. Dem Pkw-Fahrer war die Story wohl bekannt und er reagierte sofort. Er opferte ohne Bedenken fast sein Leben, um die Kinder zu retten. Mit seinem kleinen klapprigen Wagen fuhr er vor den

Bus, bremste immer und immer wieder, um den Bus zum Stillstand zu bringen. Allerdings konnte sein Wagen so viel Gewicht nicht in so einer kurzen Zeit bändigen. Am Ende der Straße, die mit einer Mauer – gefüllt mit Kinderseelen – abschloss und ansonsten nur eine scharfe Rechtskurve bot, wurde der Mann mit seinem Wagen zwischen dem Schulbus und der dicken Betonmauer zerquetscht. Er brach sich beide Beine, zog sich einige Prellungen zu und rettete damit über 42 Kindern und einem geschockten Busfahrer das Leben. Wo ist jetzt der Unterschied? Zivilcourage? Kein Deutscher würde situativ auf so was kommen, so schnell reagieren können und sich ohne nachzudenken in den Tod stürzen, aber in Deutschland funktionieren auch die Bremsen.

Die sichere Technik ersetzt uns und schützt die Menschen in Deutschland. Man kann sich vollkommen auf die Technik verlassen und ist nicht auf die Notfallsituation »kaputte Bremsen« trainiert. Es gibt genug Formen und Normen, die gefahrbändigend wirken. Schließlich bezahlt der Deutsche dafür sehr viel Geld. Der TÜV, die technischen Sicherheitskontrollen, die durch staatliche Gesetze vorgeschrieben sind. In Deutschland gibt es Normen für alles in Themengebieten wie Maschinenbau, Bauwesen, Luft- und Raumfahrt, Informationstechnik, Umweltschutz, Feinmechanik, Optik und Dienstleistungen. 1927 erschienen die ersten 3.000 Normen als Abendlektüre. 1948 8.200 Normen und im Jahre 2012 trafen bereits 33.000 gültige DIN-Normen ein.

Die Deutschen versuchen, die menschlichen Schwächen mit Normen zu retuschieren. Sogar wenn wenig Geld in den Kassen für soziale Leistungen oder Renten vorhanden ist, bezahlen sie für Pflastersteine nach europäischer Norm, um der Geradlinigkeit ihrer Straßen gerecht zu werden. Ein schwer verständliches Gleichgewicht. Alle Städte sehen gleich aus. Alles Standardformen. Man braucht Jahre, um die kleinen Unterschiede der Großstädte zu erkennen. Überall die gleichen Pflastersteine, Straßenschilder, Großmärkte oder Geschäfte. Zugegeben, es hat etwas Positives, man weiß, womit man es zu tun hat, und hat schon gewisse Erfahrungen damit gesammelt. Trostlos ist allerdings die verfluchte Langeweile, die im Ordnungswahn aufkommt. Keine Alternativen, alles vorhersehbar.

Geheimland

Nach einigen Monaten Alltagsleben bei Familie Kramer stolperte ich immer noch über verrückte Situationen. Wolfgangs Familie war ohne den Herrn des Hauses übers Wochenende weggefahren. Daraufhin lud mich Wolfgang zu einem gemeinsamen Ausflug ins Schwimmbad ein. Er war vollkommen verwundert darüber, dass ich nicht schwimmen konnte. Während er seine zwanzig Bahnen schwamm, planschte ich gelangweilt im Kinderbecken. »Wie geht so was nur? Schwimmen ist lebensnotwendig.«

Als Wolfgang seinen Sportschweiß in dem riesigen Chlorbecken losgeworden war, kam er auf die Idee, mit mir etwas zu unternehmen, dass mich mehr begeistern sollte. Die Sauna. Temperaturen wie in meiner Heimatstadt. Hier sollte ich mein Heimweh ausdünsten. Es war schon merkwürdig, alle Männer im Schwimmbad nackt duschen zu sehen, aber das ließ sich mit mir noch vereinbaren, solange ich meine Badehose noch an meinem Körper hatte. Der Grauen kam erst im Schwitzbad. Nackte Menschen, männlich und weiblich, in einem verdichteten heißen Raum. Verrückt. Sie schauen dich an, wenn du angezogen bist, und gucken weg, wenn du splitternackt und verletzbar vor ihnen stehst. Wolfgang zog sein himmelblaues Handtuch weg und stand nackt mitten im Raum. Daraufhin watschelte er auf die Holzbank, setzte sich gemütlich hin und atmete entspannt aus. Ich stand noch da, mitten im Raum. Umgeben von nackten Menschen. Davon waren drei Frauen, sechs Brüste. Sechs wohlgeformte Brüste, nur 1,2 Meter entfernt. Das sind umgerechnet zwanzig Zentimeter pro Brust. Was für ein Desaster. Ich war in einem Paradies und doch absolut gestresst.

In Deutschland gibt es FKK-Strände, wo Menschen nackt rumhopsen und Volleyball spielen, und im Iran werden am Strand Wände ins Meer gezogen, um Frauen und Männer voneinander zu trennen. Wie konnte Wolfgang von mir jetzt erwarten, dass ich entspannt bin? Er gab mir mit Handzeichen zu verstehen, dass ich mich hinsetzen soll. Ich hatte keine andere Wahl. Fliehen und für immer ein Feigling bleiben oder mein Goldstück auf dem Präsentierteller vorführen.

Ich musste mich entscheiden. Die Zeit spielte gegen mich. Ich ergriff mein Handtuch mit beiden Händen und atmete noch einmal tief durch. Meine Hände verkrampften, das Herz schlug, die Pupillen weiteten sich und Adrenalin kroch in meinen Dickschädel. Lass los, es ist wie beim Doktor, sagte ich pausenlos zu mir. Ich wurde immer klarer und traf schließlich die richtige Entscheidung. Ich tat so, als ob es mir viel zu heiß wäre und ich keine Luft mehr bekommen würde. Also hustete ich zweimal und verließ rückwärts auf Zehen schleichend den Raum. Wolfgang lächelte mich nur freundlich an und sagte: »Bis gleich.«

Es gibt eine Eigenschaft, die der Iraner besitzt, die in Deutschland nur zu Missverständnissen führt. »Tarof«, die Höflichkeitsheuchelei. Eine nach außen positive und soziale Verhaltensform, die Respekt und Anstand simulieren soll. Tarof ist eine höfliche Art, eine Einladung mit Nachdruck abzulehnen. Wenn mich beispielsweise Frau Kramer fragte, ob ich noch hungrig sei, verneinte ich dies magenknurrend und bedankte mich freundlich für das Essen. Das tat ich lediglich, um nicht gierig zu wirken. Natürlich funktioniert Tarof nur, wenn alle beteiligten Personen im Spiel involviert sind. Deutsche sind direkt und würden ihre Wünsche äußern. Somit befand ich mich zu jener Zeit in Deutschland nur unter unhöflichen Menschen. Iraner reden immer durch die Blume, um alles positiver wirken zu lassen. Ein Deutscher ist ehrlicher und wirkt somit viel verletzender. Gedanklich transparent. Deshalb weiß man bei einem Deutschen, wo man steht. Wegen ihrer Vorgeschichte sind sie jedoch bei dem Thema Fremdenhass vorsichtig und reden ebenfalls durch eine Blüte. Bis zum Sommermärchen hat der nicht rechtsradikale Deutsche nie nach außen Nationalstolz gezeigt. Die Flagge zu tragen, war verpönt. Drei Generationen sind vergangen und die Deutschen leiden immer noch unter dem Völkermord ihrer Vorfahren. Rückblickend haben viele Länder und ihre Völker Blut an den Händen kleben. Man sollte sich der dunklen Seite seiner Ahnen bewusst sein, damit sich diese Geschichten nicht wiederholen, aber sich nicht dahinter positionieren. Die heutige Generation kann nichts mehr dafür.

Die deutsche Sprache

Aus ausländischer Perspektive beinhaltet die deutsche Sprache vier verschiedene Sprachen. Die erste Sprache ist Deutsch. Die zweite bis vierte Sprache sind die Artikel, die drei Genera. Weiblich die, männlich der, sächlich das. Über Dativ, Akkusativ, Nominativ oder Genitiv will ich gar nicht erst sprechen. Als Ausländer lernst du schnell, dass, wenn du keinen Artikel benutzt, alles falsch klingt und du nicht ernst genommen wirst. Also benutzte ich Artikel, wo es immer ging. Beim Schulschwimmen hatte ich als Wasserlegastheniker einen Wadenkrampf. Da ich Angst hatte zu ertrinken und schnell gerettet und ernst genommen werden wollte, rief ich: »Die Hilfe, die Hilfe!« Und die Hilfe kam.

Persisch-Deutsch-Lexikon, Seite 84 »Haus«. Die Schule rief Wolfgang an und man beschwerte sich, dass ich immer mitten im Unterricht nach Hause ginge. Es war für sie ein sehr seltsamer Fall, da ich morgens immer pünktlich zum Unterricht erschien. Mein fürsorglicher Familienvertreter sprach mich darauf an. Ich verstand die Situation nicht. Der Lehrer in der Klasse sagte doch immer nach dem Unterricht »Hause«. Also ging ich auch nach Hause. Ich war froh, »Hause« überhaupt zu verstehen. Woher sollte ich wissen, dass er mit »Hause« eigentlich »Pause« gemeint hatte?

Persisch-Deutsch-Lexikon, Seite 271 »stinken«. In diesem schlauen Lexikon wurde das Verb »stinken« nicht als »duften« im negativen Sinne erläutert, sondern einfach nur als ein anderer Begriff für duften. Daher stand ich in einem Blumenladen und begann meinen Smalltalk mit folgendem Satz: »Mmh, stinkt das hier gut!«

Persisch-Deutsch-Lexikon, Seite 260 »Rabe«. Einige Tage nach meinem Einzug bei Familie Kramer sah ich einen Raben auf der Motorhaube von Wolfgangs Wagen sitzen, den ich nicht mit einem »kusch, kusch« verjagen konnte. Deutsche Tiere haben keine Angst vor Menschen, da sie nie gequält oder mit Steinen beworfen werden. Daher rannte ich ins Haus, um Wolfgang vor dem Auto-Kratzer-Vogel zu warnen. Was heißt aber Rabe auf Deutsch? Also versuchte ich, diesen Vogel so kreativ ich konnte zu beschreiben, und sagte: »Taube, aber andere Modell.«

Persisch-Deutsch-Lexikon, Seite 332 »Tschüß«. Damals habe ich alle Deutschen, wie die Apothekerin um die Ecke oder die Verkäuferin vom Discounter, die anstatt Tschüss »Auf Wiedersehen« zu mir sagten, verflucht. Ich beschimpfte sie in meiner Heimatsprache. In dem gleichen schlauen Deutsch-Persisch-Lexikon wurden diese Begrifflichkeiten folgendermaßen erklärt. Tschüss sagt man zu einem Menschen, wenn man freundlich sein möchte, und Auf Wiedersehen nur, wenn man sachlich bleiben will. Ich war freundlich und sagte Tschüss und bekam immer nur ein kaltes Auf Wiedersehen.

Persisch-Deutsch-Lexikon, Seite 349 »übermorgen«. Wörter umschreiben ist in den ersten Jahren unvermeidlich. Wenn man beispielsweise nicht weiß, wie man übermorgen sagen soll, dann sagt man: »nix morgen, mooooorgen.« Diese Technik lässt sich auch auf vorgestern anwenden.

Auch wenn man vieles sprachlich nicht versteht, versucht man, nicht aufzufallen. Man bejaht alles und simuliert eine Konversation, um diese Schwäche zu vertuschen. Natürlich fällt es einem Deutschen auf, wenn man zu ADAC abcd sagt. Doch man selbst glaubt, diese Person getäuscht zu haben. Jahre später erfährt man die persönlichen Anekdoten und kann sich selbst nur an Kopf fassen.

Die Sonderklasse

Gendern ist richtig, aber ist das mit der deutschen Sprache, die so verstrickt und kompliziert ist, umsetzbar? Müssten die Migranten, die sich durch diese multidimensionale Sprache quälen, beim Gendern nicht ebenfalls berücksichtigt werden? Ich dachte, Deutschland ist so fortgeschritten und ich würde am ersten Tag direkt am Flughafen eine Sprachimpfung injiziert bekommen. Wie lernt man sonst eine Sprache am besten? Man hört die Sprache, lernt einige Vokabeln und versucht, sie in einer Situation oder in einem Gespräch wiederzugeben. Natürlich gibt es auch andere Wege. Dieser Weg ist aber der effektivste, da man die Möglichkeit hat, mit Menschen zu sprechen, die ihre Muttersprache perfekt beherrschen. Doch die Einbürgerung sollte hier schon scheitern. Ich wurde mit siebzehn ausländischen Jugendlichen in eine Klasse gesteckt. Eine Sonderklasse in einer Hauptschule. Eine Ausländerklasse. Und wenn niemand von ihnen Deutsch spricht, fängt man an, zu kombinieren, um sich schneller und besser zu verständigen. In der ersten Schulzeit schmiss ich mit türkischen Schimpfwörtern, den besten arabischen Flüchen und einigen deutschen Sätzen wie »zwei Kilogramm Tomaten, bitte« um mich. Ich hatte das Glück, in einer deutschen Familie zu leben. So erlernte ich die deutsche Sprache schneller, und der Unterricht wurde zweitrangig. Die anderen Jugendlichen hatten es da viel schwerer und ertranken in Grammatik.

In der Schule lernte ich andere Dinge. Ich studierte den wahren Unterschied zwischen einem Fremdling und den Einheimischen. Kinder waren schon immer grausamer und ehrlicher. In der Schule war unsere Klasse als das kriminelle Syndikat offiziell anerkannt. Wir waren auffällig. Das Klassenzimmer mit der roten Tür. Nur unsere Klasse und die Wissenschaftsräume hatten rote Türen. Auf dem Schulhof redete niemand mit uns, und wir blieben auch lieber unter uns. Geschützt von der Clique, wie in einem Gefängnis. Die Schule war in einem Dorf, in dem nur fünfzigtausend Menschen lebten. Kein Wunder, dass wir auffielen. In den Großstädten wie Hamburg oder Köln sah das anders aus. Dort ist man zumindest nicht so auf dem Präsentierteller.

Unsere Klasse wurde schließlich mit einem Direktorenwechsel nach einem Jahr aufgelöst und in die deutschen Regelklassen aufgeteilt. Wegen unserer Deutschkenntnisse wurden wir alle zwei Klassen niedriger eingestuft. Eine schöne Sache hatte die Schule: Mädchen und Jungs waren gemischt. Wie soll man sich als pubertärer Teenager da nur konzentrieren? Plötzlich freute ich mich auf die Schule. Nur die deutsche Sprache machte mir zwischen all diesen blonden Erdknollen große Schwierigkeiten. In der Ausländerklasse war ich der Deutschprofessor, weil ich buchstabieren konnte, und in der Regelklasse ein stummer Esel.

Die Gutgläubigen

Feilschen funktioniert in Deutschland nicht. In den westlichen Industrieländern ist diese Art zu handeln durch »feste Warenpreise« vernichtet worden. Ich habe es geliebt, zu feilschen. Man diskutiert mit dem Lehrer und versucht, ihn von einer besseren Note zu überzeugen. Auf die Mimik, die Gestik, deine Idee und die Redegewandtheit kommt es dabei an. »Schauen Sie mal, das ist doch gut beschrieben, konnte mich aus familiären Gründen nicht besser konzentrieren, meine Tante kam gestern durch Bombardierung ums Leben, bitte, seien sie entgegenkommend.« Eine deutsche Note war jedoch so fest wie deutsche Ziegelsteine. Daher halten auch ihre Häuser bei Erdbeben besser als unsere. Ich wirkte wie ein nerviger Schüler, der nicht lernen wollte und nur um seine Noten verhandelte.

Im Iran waren meine Noten ziemlich schlecht gewesen, hier in der lockeren Schulatmosphäre wurden die Zensuren auch nicht besser. Die Lehrer machten nicht genug Druck.

Man war für sich selbst verantwortlich. Kein Lehrer, der dich ermahnt oder prügelt, und kein Vater, der dich schlägt. Vor wem sollte ich denn jetzt Angst haben? Ich hatte jetzt auch noch die neue Ausrede mit der fremden Sprache. Mit stundenlangen Diskussionen vor dem Lehrerzimmer, zwei gut abgelegten Prüfungen und einigen Referaten bekam ich doch noch meinen Hauptschulabschluss. Die Ausländerausrede hatte eingeschlagen. Deutsche waren früher gutgläubig und kauften uns alles ab. Sie gingen nie davon aus, dass man log, zumindest nicht, wenn man es schriftlich niederlegte. Man bekam ein Formular, man trug alle Daten ein und behauptete, die Wahrheit gesagt zu haben.

Durch ihre schlechte Erfahrung über die Jahre schauen die Behördenfiguren heute natürlich viel genauer hin. In den Achtzigern konnte man dagegen einen abgelaufenen Büchereiausweis aus der Heimat gegen einen gültigen deutschen Führerschein umtauschen. Deshalb besitzen einige Leute hier einen Führerschein, die noch nie ein Lenkrad in der Hand hatten.

Wenn der damalige niedersächsische Ministerpräsident Ernst Albrecht von der CDU an meiner Stelle stünde, was würde er tun? Wenig Geld, keine Heimat, keine Familie und schlechte Zukunftsaussichten. Er hat doch als Kind nur das bessere Los gezogen. Geboren in Deutschland, keine Revolution und keine Flucht. Er war nur aufgewachsen in der wunderschönen Stadt namens Heidelberg. Unter solchen Umständen hätte auch ich bestimmt Karriere gemacht. In den Siebzigern war er fünf Jahre lang der Geschäftsführer von Bahlsen gewesen, bevor er Politiker wurde. Wie können eigentlich die gut verdienenden Politiker für die untere Bevölkerungsschicht Entscheidungen treffen? Müsste nicht einer aus der Arbeiterklasse das Volk vertreten? In Deutschland ist Politik ein Machtspiel zwischen Demokratie und Wirtschaft. Die großen Konzerne treffen die Entscheidung mit, ansonsten würden sie einfach ihre Sachen packen und im Ausland weiter produzieren. Und für Arbeitslose will kein Politiker verantwortlich sein.

Die schlechte Nachricht

Telefon.«

Inzwischen hatte ich mich bei der Familie Kramer vollkommen eingelebt. Nichts hatte sich in den letzten Jahren bei ihnen verändert. Sie waren so beständig. Nur die Kinder wurden älter und ich musste nicht mehr so oft babysitten. Mit ihrem jüngeren Sohn Sebastian verstand ich mich auch ziemlich gut. Er spielte Fußball in einem Verein und war gar nicht so schlecht. In ihrem kleinen Garten dribbelte ich sehr oft mit ihm. Frau Kramer konnte wenig mit mir anfangen, doch inzwischen empfand sie mich als eine Bereicherung für ihre Familie. Und Wolfgang war einfach nur nett. Er akzeptierte das Leben so, wie es kam, und hatte immer eine Lösung parat. Ich frage mich, ob er sich mit diesen Eigenschaften auch in meinem Land zurechtfinden könnte.

»Telefon, beeil dich. Ist aus dem Iran.«

Ich rannte die Treppen aus meinem Dachgeschosszimmer herunter und riss Frau Kramer freundlich das Telefon aus der Hand. Daraufhin flitzte sie schnell in die Küche, um die überlaufenden Töpfe zu bändigen. Ein Telefonat aus dem Iran. Meine Familie rief ich sehr selten an, und das nicht nur, weil es viel zu teuer war. Sie nervten mich und sprachen von uninteressanten Dingen wie der Inflation, dem Krieg und ihren Geldsorgen. Ich wollte davon nichts mehr wissen. Egoistisch wollte ich alles nur verdrängen und einfach nur für mich da sein. Hier hatte ich meine eigenen Probleme. Meine Mutter rief trotzdem alle zwei Monate an und plauderte mit mir über ihre Situation. Ich war ihr Telefon-Seelsorger.

»Dein Onkel ist gestorben.«

Wie direkt und kalt die Botschaft war. Die Todesnachricht von meinem Onkel brach mir das Herz. Er ließ bei einem sinnlosen Autounfall sein Leben. So viele dumme Bomben im Krieg und er starb bei einem Autounfall und verblutete noch im Auto, da er nicht rechtzeitig geborgen werden konnte. Ein trauriges Schicksal. Und das von einem Menschen, der mir etwas bedeutete. Meine Mutter quatschte weiter von anderen Dingen, doch ich hatte keine Lust mehr, mit ihr zu reden, legte den Hörer einfach auf und ging schweigsam zurück in mein Zimmer. Ich verschloss die Tür, legte mich ins Bett und öffnete nachdenklich die Plastikfolie meiner neuen Kassette. Michael Jackson mit dem neuen Album Bad. Mein Onkel hatte mich auf den King of Pop aufmerksam gemacht, er war selbst sehr fasziniert von seinen Tanzschritten. Ich legte die Kassette ein, stöpselte den Kopfhörer an und drehte auf volle Lautstärke. Zur Moonwalk-Musik heulte ich leise vor mich hin.

In diesem Moment wurde mir etwas klar. Etwas veränderte sich in meinem Kopf. Meine Mauer wurde stabiler und der Betonmensch wurde erschaffen. Bewusste Gefühlskontrolle durch Verdrängung. Heulen war etwas für Schwächlinge, und ich war nicht mehr schwach. Mein Großvater, Kurosh oder mein Onkel waren nicht mehr da. Niemand blieb. Nichts blieb. Kein Mensch, der mir etwas bedeutete. Nur diese fiktive Familie Kramer. Alle so extrem nett und doch todlangweilig. Strukturiert. Alles wurde durchdacht und gegliedert. Sie lebten woanders. Sie waren stressfreie Seelen. Im Innern mochte ich die Familie Kramer sehr, aber ich hielt es einfach nicht mehr bei ihnen aus. Ich musste mich von ihnen loslösen. Ich wollte nicht deutsch sein. Ich versuchte, sie nicht an mich heranzulassen. Ihre Bindung zu mir hätte mich schwächer gemacht – dachte ich zumindest.

Das Ende des ersten Golfkrieges

Die Pubertät vermoderte langsam und die Akne in meinem Gesicht verwandelte sich in festverankerte Mitesser-Gruben. Meine Stimme war an ihrem tiefsten Platz angekommen, alle behaarten Stellen schon längst gut besetzt und die erste Rasur schon längst vergessen. Ein schöner Geburtstag mit einer guten Nachricht. August 1988, der Krieg war vorbei. Er endete ohne Ergebnis und mit hohen menschlichen und wirtschaftlichen Verlusten auf beiden Seiten. Ein Waffenstillstand ohne Friedensvertrag.

Am Kriegsende war der Iran pleite. Soldaten hungerten an der Front. Die Wasserrationen waren zu wenig und die Soldaten mussten Regenwasser sammeln, um nicht zu verdursten, vorausgesetzt es regnete. Mit aufgesprungenen Lippen, leeren Mägen und kaputten Nerven schossen sie Iraker nieder.

Die Waffenlieferungen verschiedenster Länder sorgten für eine Verlängerung des Krieges um sechs Jahre, da es faktisch bereits 1982 beiden Kriegsparteien an Nachschub für Waffen mangelte. Die USA, Frankreich, China und die damalige Sowjetunion sorgten hauptsächlich für die Aufstockung. Sogar Deutschland trug Hubschrauber zu unserem sinnlosen Krieg bei. Eine Million tote Menschen. Tausende von nicht beseitigten Minen kosten heute noch täglich Menschenleben. Aber was hatten wir Iraner jetzt gewonnen? Der Krieg festigte die islamische Republik in ihrem Machtbereich und hält sie noch heute an der Spitze.

Der Arier

In der ersten Woche in Deutschland packte mich eine Frau in einem Einkaufscenter am Rucksack und behauptete, dass ich ihre Geldbörse gestohlen habe. Mein Vater stand überfordert daneben und hielt dabei meine Hand, während mich beide hin und her zerrten. Der Supermarktdetektiv kam schnell angerannt und durchwühlte meine Sachen. Gleichzeitig fand die Frau ihr ockerfarbenes Leder-Portemonnaie in ihrer eigenen Einkaufstüte. Meine erste Berührung mit einer ‚Arierin'. Hatte sie mich wegen meiner äußeren Erscheinung beschuldigt? Etwas durcheinander und erschüttert nach dem Vorfall suggerierte ihr Blick »Ich habe nichts gegen Ausländer, aber …« Indem man uns Ausländer nennt, schließt man uns doch schon aus.

Bevor ich zu den Kramers zog, griffen ein paar betrunkene Neonazis bei meiner letzten Übernachtung im Asylantenheim das Haus an. Sie schmissen mit Molotowcocktails auf die Fensterscheiben und trillerten rassistische Parolen. Verletzt wurde niemand. Nur die Kinder der kommenden Ausländergeneration wurden nochmals darauf hingewiesen, wo ihr Platz in Deutschland sein würde. Nazis, sie hassen Ausländer und benutzten ausländische Waffen. Der Molotowcocktail, eine Waffe der 20er-Jahre in russischen Bürgerkriegen. Ihre Glatzen hatten sie von den englischen Skinheads, die Bomberjacken hatten die britischen und US-Bomberbesatzungen im Zweiten Weltkrieg getragen, die Stahlkappenstiefel werden traditionell immer noch in Nordamerika hergestellt und ihr Hakenkreuz ist ein asiatisches Zeichen, das als Glückssymbol angesehen wird. Alles geklaut. Und reinrassig waren sie auch nicht, da ein Italiener namens Angelo eine der Schachfiguren war.

Iran heißt ursprünglich übersetzt das Land der Arier. Als Arier werden prähistorische Völker bezeichnet, die 2000 v. Chr. ins iranische Hochland und nach Indien einwanderten. Die Indogermanen sind die Vorfahren der Iraner. Wir sind so überzeugt davon, dass wir das Wort »Arier« sogar als Mädchen- oder Jungennamen haben. Aria und Iraj.

Rechtsradikale Mitbürger, ich weiß, wie ich aussehe. Ihr müsst aber unter meinen dunkelbraunen Augen meine wahre Identität und die blauen Augen erkennen. Ich bin ein Iraner, ein Arier, euer Vorfahre, euer Ursprung.

Die Autonomie

Von der Familie Kramer nach vier Jahren Abschied zu nehmen, fiel mir schwerer, als ich dachte. Jedenfalls ließ ich mir nichts anmerken. Sie weinten nicht, typisch deutsch. Sie waren so verschlossen. Das wollte ich auch können, Gefühlskontrolle. Schweren Herzens packte ich meine Klamotten, die Erinnerungen und Erfahrungen mit der Familie Kramer ein und zog sechzig Kilometer weiter. Eine kleine, voll möblierte Einzimmerwohnung hinterm Hauptbahnhof. Ein Quietsch-Bett, ein Schrank mit einer defekten Magnettür, ein Klapptisch und ein klappriger Stuhl. Ich hievte meinen Koffer auf das Bett, zog meine Jacke aus, öffnete das Fenster, erhaschte einen Blick auf jegliche Kloschüsseln des Nachbarhauses und roch die Freiheit.

Ich war frei und doch fingen meine Probleme jetzt erst richtig an. Die Miete, Telefon, Stromkosten und Wäsche waschen. Rechnungen so weit das Auge reichte. In der Hinsicht hatte ich nichts gelernt. Wolfgang kümmerte sich um meine

Rechnungen und seine Frau um meine Wäsche. Für eine deutsche Familie hatten die Kramers eine sehr konservative Rollenverteilung. Ich fiel in eine Schuldenfalle. Eine nicht allzu große Summe, wenn man Geld verdient. Für mich jedoch unerreichbar, denn ich tat den ganzen Tag nichts.

Alim al-Sarkawi

Durch Sozialhilfe finanziert hing ich in Spielhallen herum, bis ich Alim kennenlernte. Wir verstanden uns auf Anhieb. Als ich erfuhr, dass er aus dem Irak kam, sprach ich ihn darauf an. Irak und Iran, Feinde fürs Leben. Für einen kurzen Augenblick verachtete ich ihn, doch letztendlich waren wir uns einig: Das war nicht unser Krieg. Wir waren keine Feinde, wir waren nur Opfer des Systems und saßen gemeinsam in einem europäischen Boot.

Er war etwas größer als ich und an seiner linken Hand fehlte der Zeigefinger. Er sagte mir nie, wie das passiert war. Das waren seine sichtbaren Narben, die er nicht verstecken konnte. Narben zu verstecken, war mein Hauptberuf und glücklicherweise hatte ich nur innere Narben. Um Menschen zu belustigen, steckte er sich diesen Finger immer ganz tief in seine Nase. Als würde er durch die Nase sein Gehirn kitzeln. Ein wirklich schräger Vogel. Wir trafen uns täglich in der Spielhalle und lungerten dort herum.

Die Phase mit Drogenkonsum und Prügeleien übersprangen wir und entdeckten direkt das Klauen. Ladendiebstahl, um unsere Armut zu kompensieren. Ich fühlte mich nicht schuldig. Ich schadete ja keinem Menschen, lediglich die motzigen und gut versicherten Großkonzerne litten unter meiner Unvernunft. Manchmal hielt ich Wache und Alim steckte die Sachen ein, und manchmal war Alim der Aufpasser. Wir waren ziemlich dreist und sehr geschickt. Während Alim mit der Kassiererin flirtete, wanderten die Zigaretten an der Kasse direkt vor ihrer Nase in meine Jackentasche. Andere konnten bei uns sogar Sachen bestellen. Klamotten, Schuhe in den passenden Größen von Nike bis Adidas. Wir besorgten alles.

Alim wohnte mit seinem Onkel zusammen, daher war meine Bude unser Liebesnest für naive Teenies. Wir waren kleinkriminell, aber keine Dealer oder aggressive Prügelknaben, die grundlos auf unschuldige Menschen einschlugen. Daher warfen wir kein schlechtes Licht auf die ausländische Gemeinde, die immer in eine Entschuldigungshaltung gehen muss, wenn ein krimineller Ausländer in den Medien auffällt.

Die Maske

Da saß ich mit Alim in einer Bar mit deutschen Bekannten an einem Tisch und hörte mir Kanakenwitze an. Alim grinste gequält und ich rief genervt: »Hey.«

Einer der Kollegen umarmte mich freundlich und sagte: »Was ist los? Du bist doch Iraner und kein Türke. Ihr seid anders. Oder kennst du einen kriminellen Iraner?«

Dass er dachte, meine Landsmänner seien nicht kriminell, schmeichelte mir. Für den Deutschen, der mich aber nicht kennt, sehe ich aus wie ein Türke. Außerdem war ich auch nicht der Vorzeige-Iraner, der im vierten Semester seines Medizinstudiums steckt. Würde dieser Typ nicht an einem Tisch mit Türken Witze über mich machen?

»Privatbesitz! Verlasst sofort meinen Garten, sonst bin ich gezwungen, die Polizei zu rufen. Ich rede mit euch, ich sagte Privatbesitz.«

Ich drehte mich langsam um und schaute zugekifft dem älteren Herrn tief in die Augen. »Wir sind rein privat hier«, sagte ich lachend.

Der Mann ging ins Haus, zog seine Vorhänge auf, damit wir ihn gut sehen konnten, und nahm provokativ sein Telefon in die Hand. Ich schaute Alim an, der auf der kleinen Gartenwiese eingeschlafen war. »Wir müssen los.«

Wir standen auf, verließen den Garten, stiegen in die überfüllte Bahn und fuhren ins Stadtzentrum. Was für ein Chaos. Doppelte Menschenmenge. Anfang 1990, die Wende. Die Deutschen waren glücklich. Und solange sie glücklich waren, waren wir das auch. Genauso wie beim Fußball. Die deutsche Nationalmannschaft war uns egal, aber wir feierten ihre Tore. Ihr Sieg war unsere Freude, weil die Deutschen danach einige Tage geselliger wurden. Italia 90. Die Frage für uns nach der Wende war jedoch, ob die Menschen jetzt toleranter wurden. Leider spielte die Zukunft gegen uns und wir bekamen mehr unaufgeklärte Rassisten aus dem Osten geschenkt. Bundesrepublik Deutschland wurde zu Deutschland.

Ich sah nur noch blonde Menschen und vergaß vollkommen, dass ich selbst dunkel aussah. Manchmal glaubte ich, dass ich mich integriert hatte. Aber sobald ich unterwegs einem eingedeutschten Türken mit seinem blonden Kumpan begegnete, wurde mir sofort bewusst, dass wir visuell einfach nicht integrierbar sind. Es können doch nicht alle Menschen tolerant sein. Integration bedeutet Aufklärung, und so viel Aufklärung kann sich kein Land leisten. Integration geht auch nicht nur in eine Richtung, ich musste genauso auf die

Deutschen zugehen, um akzeptiert zu werden. Ich war zerrissen zwischen zwei Sprachen, Kulturen und Gewohnheiten und wechselte unter diese Masken.

Das Vorstellungsgespräch

Anarchie-Dasein. Staat Deutschland fütterte mich einfach so durch. Zwischendurch musste ich zum Sozialamt und so tun, als wäre ich interessiert und engagiert auf der Suche nach einem Job oder einer Ausbildung. Doch so konnte das nicht mehr weitergehen, ich musste etwas tun. Ich konnte nicht ewig klauen und als Tellerwäscher arbeiten. Eigentlich kam ich nicht von selbst auf diese Idee. Alims Onkel übte einen sehr starken Druck auf ihn aus, der auch auf mich überschwappte. Alim fing daraufhin an, in die Abendschule zu gehen, um sein Abitur nachzuholen. Dadurch hatte ich mehr Zeit für mich selbst und musste mehr über meine Zukunft nachdenken. Jeder ist seines Glückes Schmied und ich schmiedete mir ein Ausbildungsplatz. Die Voraussetzungen waren handwerkliches Geschick, technisches Verständnis, gute körperliche Konstitution und ein hohes Maß an

Pflichtgefühl. Außer der Sache mit der Verantwortung war das mein Ding. Eine Ausbildung als Fliesenleger.

Ein trüber Herbstnachmittag. Ich war spät dran und stand an der Ampel kurz vor meinem Ziel. Nur noch einige Meter. Kein Auto weit und breit zu sehen, also lief ich über die Straße. Ein Polizist auf einem Fahrrad in einer grünen Radlerhose und Fahrradhelm bremste plötzlich vor meinen Füßen. Wie konnte ich ihn nur übersehen?

»Haben sie die rote Ampel nicht gesehen?«

»Wissen Sie, ich habe jetzt ein Vorstellungsgespräch, komme zu spät und bin sehr nervös«, sagte ich ihm in der Hoffnung, dass er mich vielleicht in Ruhe lassen würde.

»So geht das aber nicht. Ausweis bitte!«

Hatte er nichts Besseres zu tun? Warum konnte er nicht einmal fehlerhaft menschlich sein und musste mich wegen so einer Kleinigkeit belehren? Die rote Ampel war wohl nur eine Ausrede. Natürlich hatte ich keinen Ausweis dabei. Als nicht anerkannter Asylant bekommt man in Deutschland nur einen Aufenthalt im eigenen Reisepass und den trug ich nicht den ganzen Tag mit mir herum. Er machte sich tatsächlich die Arbeit, mich auf die Wache mitzunehmen und meine Daten zu kontrollieren. Ein Musterbulle. Ein Einsatzwagen kam vorgefahren und lud mich freundlich auf das Revier ein. Vorstellungsgespräch verpasst.

Die Scheuklappen-Gesellschaft

Wenn im Deutschen Reich ein Soldat die Aufgabe hatte, nur Wehrmachtssoldaten mit blauen Stahlhelmen und keine Zivilpersonen durch eine markierte Grenze zu lassen, tat er das auch. Er machte seine Arbeit präzise. Deutsche Wertarbeit. Dies nennt man deutschen Gehorsam. Wenn jetzt aber ein südländischer Soldat genau die gleiche Aufgabe bekommt, scheitert er daran. Er erlaubt Freunden, Familienangehörigen oder Bekannten, die Grenze zu passieren, und lässt sich vielleicht auch für gutes Geld bestechen.

Deutsche arbeiten heute immer noch so. Sie sind pflichtbewusst, pünktlich und fleißig. Daher stehen sie auch wirtschaftlich ganz weit oben. Made in Germany. Planung und Präzision. Doch manchmal ist dieser Gehorsam wie ein

Stein vor ihren eigenen Füßen. Es kommt nicht selten vor, dass sie selbst an diesen Scheuklappen-Strukturen leiden.

Ich bekam die Ausbildungsstelle trotzdem. Ich rief dort einfach am nächsten Tag an und erzählte, dass ich die Nachricht vom Tod meines Vaters bekommen hatte und einfach nicht in der Lage gewesen war, mich bei ihnen zu melden. Etwas Temperament hier, etwas Ausrede dort, etwas Schleimen oben, etwas Entschuldigen unten und schwupps, die Lügensuppe war fertig. Die Ausbildungsstelle war wie durch Magie gesichert.

Das Makabre an der Sache war, dass mein Vater tatsächlich im selben Monat starb. Meine Mutter rief mich an, um wieder mal schlechte Nachrichten zu verbreiten. Mein Vater war tot und es war mir egal. Traurig, wenn ein Kind nicht um seine Eltern weinen kann. Der Tod meines Onkels hatte mich viel mehr getroffen. Trauern kann man eigentlich nur, wenn man den Prozess mit begleitet. Meine Familie hatte ich seit Jahren nicht gesehen und in meinem Kopf war mein Onkel noch irgendwo im Iran unterwegs. Somit ging mein Leben einfach weiter und die Ausbildung begann. Als Geselle schlug ich mich gar nicht so schlecht. Der Job, das bisschen Lernen und die regulären Arbeitszeiten taten mir gut. Alim und ich klauten viel seltener und das Betrinken fand meistens nur noch am Wochenende statt.

Freitagmorgen. Ein Versicherungsvertreter stand vor meiner Wohnungstür. Ein großer dicker Mann mit gekämmten Glatzenhaaren hinter einer karierten Krawatte. Unglaublich, wie gut dieser Mann faseln konnte. Ohne zu zögern, schloss ich bei ihm eine Rechtsschutzversicherung ab, einen Fünfjahresvertrag. Ich las noch nicht mal die Bildzeitung, wie sollte ich da das Kleingedruckte wahrnehmen. Ich war schon mit den großen Buchstaben überfordert. Wenn man in diesem Land eine Telefonrechnung von zwei Pfennigen bekommen kann, muss man sich auch nicht über die verkopfte Bürokratie wundern.

Die Deutschen haben Bürokratie schon immer im Blut gehabt. Mitte des 18. Jahrhunderts hatte ein deutscher Erzbischof einen kostenregulierenden Foltertarif veröffentlicht. Dort wurden alle Zahlungen für Folter, Hinrichtungen und die sonstigen Ausgaben festgehalten. Hängen und Verbrennen, Verbrennen bei lebendigem Leibe, Vierteilen durch Pferde, Knochenbrechen am Rad bei lebendigem Leibe, Köpfen oder nur Verprügeln. Und das alles inklusive Entsorgung der Leiche plus Ausrüstungen wie Anzünder, Tuch zur Bedeckung des Gesichts oder Scheiterhaufen. Für etwas weniger Geld konnte man auch nur einen Daumen zertrümmern lassen. Die nicht zertrümmerten Daumen hoch für die deutsche Sachlichkeit, ihr jahrhundertelanges Verwaltungswesen und ihren nachvollziehbaren Papierkrieg.

Der Steuerzahler

Ich hatte so oft schwarzgearbeitet, dass ich den Behördenmenschen meine Ausbildung als einen »weißen Job« verkaufte. Er schaute mich verwundert an und sagte: »Was ist ein weißer Job? Das Gegenteil von Schwarzarbeit?«

Ich hatte mich verplappert und kein Gefühl mehr dafür, dass alle in diesem Land Steuern zahlen. Steuerhinterziehung ist im Iran ein Kleindelikt, hier jedoch ist nur Totschlag und Mord schlimmer. Daher müssen Einwanderer das System eigentlich erst richtig verstehen lernen und verinnerlichen. Sonst versuchen sie es immer zu umgehen.

Die Arbeiterklasse trägt immer die Last, auch in Deutschland. Den Iranern ist es wenigstens bewusst, dass sie in einer Diktatur stecken. Doch hier lebt man freiwillig im Hamsterrad. Warum sollte ich Steuern zahlen, solange ich sie vermeiden kann? Die Hälfte meines Einkommens, jeden Monat, und das bis zu einer mickrigen Rente, die sich bis zur Auszahlung durch Inflation verringern kann. Bis zu meiner Ausbildung hatte ich von Steuergeldern gelebt. Wenn Deutschland den ersten Golfkrieg nicht mit Lieferungen gefördert hätte, wäre ich vielleicht gar nicht hier. Ich hatte hier nur das Geld verbraucht, das Deutschland mit Waffenverkauf an meinem Land verdient hatte. Daher nahm ich, was mir zustand.

Die emanzipierte Frau

Eine Kulturveranstaltung. Eine Bühne für Livemusik und Ansprachen, Würstchenstand, Bierstand, »Christen treffen Muslime«-Stand, Luftballonstand für die Kinder und ein bis zwei Parteistände. So ein Benefiz für Arme war eigentlich nichts für mich, doch dort gab es gutes Essen. Da stand ich nun vor der Bühne, stopfte mir verkrampft einen Döner voller Zaziki in den Mund und versuchte, dabei nicht zu kleckern. Ein Balanceakt zwischen Joghurt, Brot, Fleisch und Erdanziehungskraft. Völlig vertieft im Kampf mit meiner Nahrung, sah ich sie plötzlich vor mir.

Auf dem Flug von Iran nach Deutschland war mir in dem Rumgehopse der Stewardessen die Iranerin zu meiner Rechten aufgefallen. Eine zierliche Frau, die im Stillen weinte. Ihren Namen kannte ich nicht und hatte sie auch noch nie vorher gesehen. Sie reiste allein, genauso wie ich innerlich. Mit einem abgenutzten Taschentuch wischte sie sich immer wieder die Tränen von den Augen. Sehr gern hätte ich sie gefragt, was mit ihr los sei, doch ihre Körperhaltung sagte, dass sie niemanden sprechen wollte. Zum Fenster geneigt schirmte sie sich ab. Niemand bemerkte sie. Nur ich konnte ihr leises Summen im Flugzeugrauschen herausfiltern.

Diese Frau stand auf der Bühne und hielt eine Rede über muslimische Frauen und ihren Kampf um Selbstständigkeit und Gleichheit. Da war sie, gerettet von Deutschland. Sie hatte es geschafft. Sie hatte ihre Dämonen besiegt, so sah es zumindest aus. Ich kannte sie nicht persönlich und war dennoch stolz auf sie. Sie war eine Heldin. Nicht wie die selbst ernannten europäischen Retterinnen, die ihre Wohnungen wie auf einem indischen Basar schmücken, immer esoterisches Meeresrauschen-Gezwitscher im Hintergrund laufen lassen, zweimal die Woche einen afrikanischen Trommelkurs besuchen und täglich eine Schachtel Räucherstäbchen riechen. Diese Menschen, die Kulturen anderer intensiver einnehmen als die aus dem eigenen Land. Leider kann man die Welt nicht mit der richtigen Atemtechnik bekehren und Probleme durch einen Ausdruckstanz verschwinden lassen. Die Welt ist nicht fair. Wohlhabende Länder behalten gewaltsam ihren Stand und die anderen wundern sich, warum sie es nicht aus der Krise schaffen. Alle reden von Frieden und Menschlichkeit, aber das wirklich notwendige Opfer, um etwas zu verändern, möchte niemand bringen. Dafür trennt man in Deutschland Müll, sortiert einige Plastikflaschen und fühlt sich damit besser. Global gesehen bewirkt das nichts, doch der Gedanke, etwas getan zu haben, beruhigt sie.

Die Liebe

Die erste Begegnung mit ihr vernebelte mich. Ihre Stimme klang wie eine Melodie und ihre äußere Erscheinung war eine Symphonie. Alles passte wie ein Puzzle zusammen. Jedes einzelne Stück gehörte auf seinen Platz. Sie war für mich geschaffen. Ich sah sie an und ertrug diese Schönheit nicht und wollte mich in ihr verkriechen. Ich war verliebt in Didem Pütün.

Langfristige Beziehungen halten durch Kleinigkeiten, da das Verliebtsein mit der Zeit erlischt. Kleinigkeiten haben sehr viel mit kulturellen Gewohnheiten zu tun. Dies führt zu dem Dilemma, dass multikulturelle Menschen kaum Partner zur Auswahl haben, da es weniger Menschen mit den gleichen kulturellen Gewohnheiten im Umfeld gibt. Heutzutage ist man durch das Internet und Onlinedating mit der ganzen Welt verbunden und kann dennoch nicht den Seelenverwandten finden. Die Suche im Heuhaufen. Doch manchmal geschehen Wunder.

Kennengelernt habe ich sie in einer Postfiliale in meinem letzten Ausbildungsjahr. Sie stand hinter mir in der Warteschlange. Ich wollte nur ein Paket abholen und schnell wieder nach Hause fliegen.

»Ausweis bitte.«

Ich gab der Postdame meinen Führerschein, lehnte mich an den Schalter und wartete auf mein Paket. Didem fiel mir sofort auf. Pechschwarze Augen, volle Lippen und geschmeidig lange braune Haare.

»Führerschein reicht nicht aus, nur ein Personalausweis«, meckerte die sonnengelb gekleidete Postdame.

Ich legte ihr zu dem Führerschein noch meine Krankenkassenkarte, Videothekausweis und die Girokarte dazu. »Reicht das jetzt? Ich heiße wirklich so und das ist mein Paket«, sagte ich noch gelassen.

»Verzeihung, ohne ihren Personalausweis geht es nicht. Das ist doch nur zu ihrem eigenen Schutz.«

Ich versuchte, ruhig zu bleiben. »Ist es nicht einfacher, einen ausländischen Personalausweis zu fälschen als all diese Karten hier? Wie wollen sie einen gefälschten iranischen Reisepass überhaupt erkennen? Diese Karten, die sie hier sehen, sind ihnen doch viel geläufiger.«

Darauf erwiderte sie ruhig: »Mit einem ausländischen Pass bräuchte ich ebenfalls ihre Meldebescheinigung.«

Bevor ich weiter ausholen konnte, kicherte jemand im Hintergrund. Ich drehte mich um, und sie schaute mich lächelnd an.

Sie wusste, wovon ich spreche. Sie verstand meine Situation. Die Gefühlswendung. Mein Paket war nun zweitrangig. Also konzentrierte ich mich nur noch auf sie. Ich packte meine ganzen Karten ein, verabschiedete mich entnervt und ging zu den Postregalen. Das kleine Einkaufszentrum der Post, wo man überteuerte Briefumschläge und Büromaterialien bekommt. Versteckt hinter den Kugelschreiber-Regalen inspizierte ich sie vom Weiten. Als sie fertig war, scharrte ich all meinen Mut zusammen und fragte sie nach einem Date. Sie schaute mich überrascht an, dachte einen Augenblick nach und lächelte. »Okay, aber nur wenn du deinen Personalausweis mitbringst.«

Ich schrieb ihr meine Nummer auf einen kleinen Briefumschlag und überreichte ihn ihr; und schon ging sie mit meinem Herzen durch die Ausgangstür.

Wir verstanden uns auf Anhieb und waren vorerst unzertrennlich. Es lief alles fabelhaft, bis der Alltag sich in unsere Beziehung einmischte. Sie war eine sehr sinnliche und verletzliche Person, doch bei Streitigkeiten verwandelte sie sich in eine unaufhaltsam hysterische Bestie. Täglich stritt ich mich mit Didem um meine Werte und Belange und ihre Ideen und Normen. Sie gab sich sehr viel Mühe, mich mit Bedacht zurechtzuweisen, und ich gab mir sehr viel Mühe, bockig gegenzuhalten. Daher gab es viele Gründe, zu streiten.

Autobahn

Ich holte Didem mit dem Auto von der Arbeit ab, um mit ihr einen Wochenendausflug zu machen. Seit meiner Abreise war ich nicht mehr bei Familie Kramer gewesen. Didem sollte sie, meine ehemalige Schule und das Flüchtlingsheim kennenlernen. Für diese halbstündige Autofahrt saßen wir über zwei Stunden auf der Autobahn fest. Wenn Menschen, die nicht hier leben, über Deutschland sprechen, kristallisieren sich immer zwei Begriffe an die Spitze der Gesprächskette. Adolf Hitler als die tragende Kraft der grausamsten Zeit des Landes und Autobahnen als Monument für die Präsentationsfläche der Autoindustrie. Die deutsche Autobahn ohne Tempolimit ist faszinierend. Dieser Ort ist nicht für Mensch oder Tiere gemacht. Sie ist laut, schnell und aggressiv. Tödlich. Ohne ein Fahrzeug, das im gleichen Tempo mitfließt, ist man dort absolut verloren. Doch wir bewegten uns nicht. Es war wieder mal Stau auf deutschen Autobahnen.

Schließlich kamen wir völlig erschöpft an. Sie zickte, ich brüllte, sie schrie und ich ignorierte sie. Die Stadt hatte sich in den letzten Jahren gar nicht verändert. Doch das war egal. Wir stritten die ganze Zeit. Ich konnte noch nicht mal definieren, worüber, Hauptsache, man war lauter als die andere Person. In diesem Zustand wollte ich Didem den Kramers nicht vorstellen. Daher wendete ich das Auto und fuhr wieder zurück auf die Autobahn. Es gab viele Gründe, warum Didem und ich nicht zusammenpassten, doch zu jener Zeit waren wir nicht in der Lage, uns voneinander zu trennen.

Ground Zero

Kurz vor der Jahrtausendwende musste ich wieder meine befristete Aufenthaltserlaubnis verlängern. Im Ordnungsamt gab es vierzehn kundenzugängliche Zimmer pro Stockwerk. 89 Ausländer und 23 Deutsche warteten schon. Von diesen vierzehn Zimmern gehörten nur zwei zu der Ausländerbehörde. Resultierend daraus bildete sich eine unendlich lange Warteschlange. Deutsche würden sich, außer bei Großveranstaltungen, bei längeren Warteschlangen sofort beschweren. Als würde man uns sagen wollen: Wenn du hierbleiben willst, musst du dich in Geduld üben.

Am Millennium wird die Welt untergehen. Alle Computer werden abstürzen und alle Atombomben unkontrolliert von selbst explodieren. Doch nichts passierte, rein gar nichts. Ein normales Silvester mit Böllern, Raketen, Sekt, Musik und Luftschlangen. Es passierte einfach so wenig, dass man nicht mal ein kleines Phänomen vorweisen konnte, um all den

Prophezeiungen gerecht zu werden. Eineinhalb Jahre später konnten die Weltuntergangsfanatiker wieder hoffen.

Es klingelte, Alim rannte die Treppen rauf und keuchte schon auf den letzten Stufen: »Mach die Glotze an.«

Wir sprangen auf mein Sofa und die ganze Welt schaute fern, alle Sender berichteten nur noch von einer Sache. Es war der 11. September 2001. Die World Trade Center waren weg. Ground Zero, der prominenteste Bodennullpunkt, wenn wir die amerikanischen Atombombenabwürfe auf Japan ignorieren.

Da ist dieser schwitzige, vollbärtige, arabische Bauerntrampel, der das Bild von Bin Laden lächelnd in der Luft flattern lässt und sich vielleicht über die Tausende von toten Amerikanern freut. Auf der anderen Seite haben wir die hübsche, amerikanische Blondine mit einer engen weißen Bluse und Tränen in ihren himmelblauen Augen, die mit einem der letzten Fotos ihres Freundes vor den Fernsehkameras der Welt steht. Ich als Fast-Araber war für die Blondine. Da wurde mir bewusst, dass Medien in Deutschland nicht neutral berichten.

Die Amerikaner sind einfach die besseren Kapitalisten, da sie die beste Verkaufsstrategie haben. Schon damals nach dem Zweiten Weltkrieg, als sie Westdeutschland gezielt unterstützten, um heute ihre Fast-Food-Ketten und Exportgüter integrieren zu können. Danach sind sie in zwei militärisch schwache Länder einmarschiert, um mit Krieg Frieden zu bringen.

Der Krieg in Afghanistan. Ein Land, das immer als Trainingsfläche für Soldaten anderer Länder dient. Die Iraner machten sich große Sorgen. Nicht um die Menschen in Afghanistan, sondern um den Drogenimport. Täglich werden im Iran über eine Tonne Opium verraucht, das aus Afghanistan importiert wird. Kann Afghanistan einen Krieg gegen den alleinigen Weltherrscher führen und den Iran trotz seiner schwierigen Situation weiterhin mit Opium beliefern?

Der dritte Golfkrieg. Alim machte sich Sorgen um seine Familie. Die armen Iraker. Als Kind habe ich sie gehasst und heute trauere ich um ihr Schicksal. Ein Volk, das wegen seiner Bodenschätze unter Diktatur, Kriegen und Unterdrückung leben musste und immer noch muss.

Die schwarze Handtasche

Schließlich schaffte ich es, ohne Didem, mit dem Zug zu Familie Kramer zu fahren. »Toll, jetzt fahren auch noch die Kanaken erste Klasse«, sagte der Schaffner mir direkt ins Gesicht.

Ich hatte dieses Ticket günstig bekommen, und schon bereute ich es. Wütend beschwerte ich mich über seine rassistische Aussage und er wurde zu einem Tag Zwangsurlaub verdonnert. Die Deutsche Bahn kommt nicht nur zu spät, sie steckt auch voller Überraschungen.

An Kramers Haustür angekommen, ergriffen mich Nostalgiegefühle. Ich konnte es nicht glauben, der kleine Sebastian war ausgezogen. Wolfgang und seine Frau hatten sich jedoch nicht verändert. Sie waren immer noch die nette und beständige deutsche Familie. Ruhig, gelassen und sympathisch. Wolfgang war sehr an meinem Werdegang interessiert. Natürlich erzählte ich ihm nur die nette Rohfassung, ohne auf meine kleinen Gaunereien aufmerksam zu machen. Meine Lehre als Fliesenleger, meine verständnisvolle Freundin und mein Studentenfreund Alim. Frau Kramer hatte wieder mal Leckeres gebacken. Mit Kaffee und geschmeidigem Käsekuchen mit Sahne gönnten wir uns einen angenehmen Erinnerungsnachmittag. Voller Stolz kramte Wolfgang die erste Geburtstagskarte heraus, die ich ihm geschrieben hatte. Ich konnte damals kaum Deutsch und stand auf dunkle Farben. Daher bekam Wolfgang eine schlichte Trauerkarte von mir zum Geburtstag. Ich wusste ja nicht, was dort stand. Die Karte sah eben gut aus! Neben der deprimierenden grauen Schreibschrift mit poetischen Inhalten über Tod und Abschied stand mein mit Kuli gezeichneter Geburtstagsballon. Die Karte amüsierte Wolfgang immer noch.

Als nächste Anekdote erinnerte mich Wolfgang an die Situation, als ich mich verlaufen hatte. Ich rief ihn von einer Telefonzelle an und bat um Hilfe. Als Adresse gab ich die »Einbahnstraße« an. Er lachte am Telefon und gab mir zu verstehen, dass ich ein anderes Straßenschild ohne eine blaue Umrandung suchen soll. Goethestraße. Er schmunzelt immer noch, wenn er im Straßenverkehr Einbahnstraßen sieht. Schön, wieder hier zu sein und in Erinnerungen zu schwelgen. Ein paar ruhige und erholsame Tage, und ich fuhr wieder zurück nach Hause.

Doch am ersten Tag kreierte ich Wolfgang eine neue Anekdote. Ich musste nämlich noch mal zurück zum Hauptbahnhof, da ich meine kleine schwarze Handtasche mit den Geschenken zwischen meiner Unterwäsche im Lebensmittelladen vergessen hatte. Auf dem Weg dorthin musste ich Wolfgangs Wagen abstellen, da alle Straßen versperrt waren. Also parkte ich den Wagen und lief den letzten Kilometer zum Bahnhof. Überall Polizeiwagen, Spürhunde und Menschenmassen. Da am Hauptbahnhof niemand durchgelassen wurde, sprach ich einen Beamten auf meine Tasche an. Er kontaktierte über Funk zwei Kollegen und sie nahmen mich sofort fest. Mit einem Bombenkommando musste ich in das Lebensmittelgeschäft, meine Boxershorts aus der Handtasche nehmen und auf dem kalten Fliesenboden des Ladens ausbreiten. Die amerikanischen Medien hatten den Deutschen paranoid gemacht. Sie hatten doch tatsächlich geglaubt, dass ich in meiner Tasche eine Bombe am Hauptbahnhof platziert hatte. Somit war ich für das Chaos verantwortlich.

Der elfte September hatte etwas verändert. Ich war nicht mehr nur der Ausländer, ich stand jetzt auch noch als Terrorist im Mittelpunkt. Der Verdacht, einen Schläfer in ihrer Mitte zu haben, ließ den Europäer nicht mehr ruhig schlafen. Unermesslich viele Menschen sterben bei Autounfällen, durch Ärztepfusch oder Zigaretten, doch alle hatten Angst vor Bin Ladens Sohn im Nachbarhaus.

Gesetzesvorschlag. Alle in der Bundesrepublik lebenden Personen, die einen Vollbart tragen, sind verpflichtet, sämtliche Kosten für vergessene Taschen und ähnliche Transportbeutel selbst zu tragen, wenn das verlorene Objekt als Sprengladung in Verdacht gerät. Die daraus entstehenden Kosten, wie Polizeikontrollen, Hubschrauber, Videoüberprüfungen oder

Straßenabsperrungen sind nötig, um die Sicherheit im Lande zu gewährleisten. Da diese Kosten im Allgemeinen einen fünfstelligen Betrag erreichen können und der Schuldner zu hoher Wahrscheinlichkeit diese Gebühren nicht tragen kann, müssen wir diese ausweisen. Zusammengefasst: Wer Tasche verliert, verlässt Deutschland.

Ich weiß, wer Adenauer, Bach, Beethoven, Brandt, Diesel, Einstein, Erhard, Grimm, Goethe, Gutenberg, Kohl, Luther, Marx, Nietzsche, Schiller und Siemens waren, aber ich habe keine Ahnung, welche Versammlung 1848 in der Frankfurter Paulskirche tagte. 1848 tagte das erste frei gewählte Parlament für ganz Deutschland. Wie viele Deutsche wissen, wann die Bundeswehr gegründet wurde? Einbürgerungstest. Die Situation in Deutschland wurde mir zu heikel, daher bemühte ich mich um meinen deutschen Reisepass. Beratungstermin, 350 Euro Arbeitsgebühr und ein Arbeitsvertrag. Drei Monate später hatte ich ihn.

»Hallo, ich rede mit Ihnen. Die Ausländerbehörde ist heute geschlossen«, rief der Infostandmensch hinter mir her.

»Ich will zum Bürgeramt.«

Nun bin ich Deutscher und bin es doch nicht. Meine Hautfarbe ist es nicht, meine Haare auch nicht, mein Akzent und meine Werte nicht und meine Größe erst recht nicht. Ich war ein Deutscher mit persischer Herkunft. Ich fühlte mich aber wie ein Iraner mit einem deutschen Personalausweis. Meine Ausbildung war vorbei, ich hatte einen Job und freute mich wie die deutsche Arbeiterklasse auf meine Wochenenden und die paar Urlaubstage, die man wegen der Temperaturen im Ausland verbringt. Meine Arbeitskollegen waren mir fern,

Bauwesentrampel. Täglich humorlose sexistische Witze und Morgentrinkereien. Dass ich sie nicht mochte, merkten sie nicht. Ich war ein Chamäleon. Mit dem fundamentalistischen türkischen Moslem oder mit dem rassistischen ostdeutschen Bauern konnte ich mich lange unterhalten, ohne negativ aufzufallen. Ich war die Mitte. Alle gut integrierten Ausländer können Chamäleons sein.

Zurück in die Heimat

Mit Didem lebte ich mich langsam und schmerzvoll auseinander. Meine kaputte Beziehung und die anstrengende Arbeit machten mir sehr zu schaffen. Daher beschloss ich nach zwei Jahrzehnten, in den Iran zu fliegen und mich an meine Wurzeln zu erinnern. Da die islamische Republik Iran die Staatsangehörigkeit nicht aberkennt, hatte ich zwei Reisepässe und konnte ungehindert in meine Heimat einreisen. Ich besorgte mir ein Flugticket und schon stand ich an einem Sonntagvormittag mit Alim am Flughafen. Er holte aus seinem Rucksack ein Päckchen heraus und drückte es mir in die Hand. Ich öffnete das Geschenk und mir sprangen ein Kugelschreiber und ein ledernes Notizbuch entgegen. Alim klopfte mir auf die Schulter und sagte lächelnd: »Tagebuch. Schreib deutlich, ich will es noch lesen können.«

Aufgeregt bestand ich die Passkontrolle und stieg in das Flugzeug. Ruhig und unauffällig an meinem Platz angekommen, packte ich das Notizbuch aus und begann sofort zu schreiben.

Tag 1. An was ich mich noch erinnere? An den Krieg, die Bomben, das leckere Essen, die unvergesslichen Süßwaren und an meinen Vater. Ich habe mir vorgenommen, ihn nicht an seinem Grab zu besuchen. Nur damit ich einmal in meinem Leben gegen ihn gewinnen kann. Ich dachte, nur meine Mutter würde mich am Flughafen abholen. Doch es kamen ziemlich viele Leute. Viele Blumen und Küsse. Wer waren diese Menschen? Ich kannte sie nicht. Irgendwelche Verwandten, Cousinen und Cousins, Großonkel und Großtanten, mittendrin meine Mutter und einige flüchtige Bekannte. Ich konnte mich an keinen dieser Menschen erinnern. Meine Mutter war so alt geworden. Man glaubt, wenn man Menschen nicht erlebt, verändern sie sich auch nicht. Sie liegen einfach nur wie Fingerpuppen in den Regalen und werden bei der nächsten Begegnung wieder aktiviert.

Tag 2. So gut habe ich schon seit Jahren nicht mehr geschlafen. Draußen im Vorgarten auf einem Bett. Über mir nur der Himmel, die Sterne, der Mond und die Luft zum Atmen. Morgens geweckt mit einzelnen Sonnenstrahlen. Wie in einem Märchen sang ich mich mit den Morgentauben des Nachbarhauses wach und flog glücklich in das Schokoladenhaus zu meinem Frühstück.

Tag 5. Unbeschreiblich, diese Menschenmenge und ein unerträglicher Smog. Ich sah die Stadt, die Autos und all diese Menschen. Alles war wie früher, bekannt und vertraut und doch so fremd. Stromausfall, 22 Uhr und 40 Grad Celsius Raumtemperatur. Die ganze Straße hatte keinen Strom. Nach knappen vier Stunden kam ein Elektriker, betätigte eine Sicherung und die ganze Straße atmete wieder.

Ein schnauzbärtiger Mann schrie den Elektriker an: »Wo warst du so lange?«

Der Elektriker erwiderte genervt: »Essen.«

Der Mann hob seine Fäuste: »Du Hurensohn. Hast du keinen Anstand? Meine Frau und die kleinen Kinder sitzen in dieser Hitze ohne Ventilator und Licht, du kommst ganze vier Stunden zu spät, weil du essen warst.«

In diesem Moment bekam der Elektriker auch schon den ersten Schlag ins Gesicht. Drei andere Kumpane griffen ebenfalls mit ins Geschehen ein. Vier gegen einen. Der Elektriker wusste sich gut zu helfen, er hatte wohl öfter mit solchen Menschen zu tun. Er schnappte sich einen Schlagstock aus seinem kleinen verrosteten Laster und wehrte sich so gut er konnte. Die Prügelei lief gerade mal eine Minute und schon war die Polizei mit zwei geladenen Schusswaffen und drei Männern zur Stelle. Rätselhaft schnell. Wie eine Erzieherin im Kindergarten, die Konfliktsituationen problemlos mit fünfjährigen Kindern löst, redeten die drei Männer auf beide Seiten ein, bis beide Parteien sich tatsächlich gegenseitig entschuldigten. Eine eigenartige Situation.

Tag 9. Eine Stadt voller Leichen. Hier lagen sie alle, alle Opfer des Krieges. Grabstein neben Grabstein, so weit das Auge reichte. Wie in einem Ozean, ohne Land in Sicht. Ich wollte meinen Onkel auf Teherans Friedhof »Behescht Sahrah« besuchen. Zum ersten Mal wurden mir dort die Ausmaße des Krieges bewusst. Hier waren die Resultate. Kilometerweit eingebettete Kachelgräber, Blumen, weinende Menschen und Rosenwasser. Da lagen Mütter und Väter auf lausigen Grabsteinen und trauerten um ihre Kinder. Weiter hinten links, in

Abteilung B, lag mein Onkel unter einem Grabstein, neben seinem Bruder. Eigentlich wollte ich meinen Vater nicht besuchen, doch es war unvermeidlich. Ich hätte so gern mein Onkel wiedergesehen, mit ihm gelacht und ihm von meinem Leben berichtet. Doch sein Körper lag hier unter diesem kalten Stein. Schon immer war der falsche Bruder mein Vater gewesen.

Tag 14. Ich fuhr in meine Heimatstadt, um Kurosh zu finden. Natürlich besuchte ich meine Straße, unser altes Haus, meine Schule und alle Dinge, die noch in meinem Kopf als Erinnerung gespeichert waren. Die Ruinenstadt. Der Iran war genauso wie damals, nur meine Stadt erkannte ich nicht wieder. Sie war anders, sie hatte im Krieg am meisten gelitten, und das sah man ihr an. Weinender Asphalt voller Kriegstraumata glühte in der Sommerhitze. Kurosh konnte ich nicht finden. Ich wusste gar nicht, wo ich anfangen sollte. In Kuroshs Haus lebte seit knapp zwei Jahren eine andere Familie. Das Haus hatte die Familie von einem älteren Herrn gekauft, dessen Namen ich ebenfalls nicht kannte.

Tag 18. Alt und dreckig, aber häuslich, das Motto eines Busses, in dem ich gerade reise. Vom Dach tropft es auf meinen Nebensitz und eine altpersische Heulsusenmusik läuft im Radio. Langsam fang ich an, Kopfschmerzen zu bekommen, wenn ich durch die Stadt gehe. Die Unordnung lässt mich nicht klar denken. Eigentlich nur kleine unwichtige Details, nur ich hatte mich verändert. Jahrelang machte ich mich über den deutschen Ordnungswahn lustig und brauche heute genau das.

Tag 20. Heute ist mein letzter Tag im Iran. In Deutschland bin ich ein Ausländer und im Iran werde ich als ein Deutscher angesehen. Wohin gehöre ich? Meine Mutter habe ich anders in Erinnerung, aber ich kann mich nicht dazu überwinden, ihr nach so vielen Jahren meine Meinung zu sagen. Telefonat mit Alim. Schlimmer hätte es nicht kommen können. Didem ist schwanger. Jetzt werde ich nach Deutschland fliegen und Papa spielen. Was für ein Holiday-Abschluss.

Die Trennung

Die Ruhe in Deutschland ließ mich wieder klar denken. Landung, Flughafen, Passkontrolle. Alles war still und alle warteten auf ihre Taschen. Didem stand doch tatsächlich mit Blumen neben Alim am Ausgang. Auf einmal wollte sie unsere Beziehung wieder retten. Ihre Ausbeutetaktik stank zum Himmel. Die zehn Kilo schwere Tasche mit den ganzen Souvenirs reichte ich an Alim weiter und wir fuhren los. Zu Hause angekommen machte ich Alim klar, dass ich mit Didem sprechen müsse, und bat ihn, später wiederzukommen. Didem ging in die Küche, um etwas zu trinken.

»Wie war es im Iran?« Da stand sie im Türrahmen mit einem Glas Limo in der Hand. Genauso hübsch wie am ersten Tag. Lächelnd, hoffend auf ein Neuanfang. Ich wollte kein Drama daraus machen und es so schnell wie möglich beenden. Doch mit Didems temperamentvollen Charakter war ein Drama unvermeidlich.

Ich kündigte die Trennung an, sie stellte ihr Glas in die Küche, zog ihre Schuhe an, ohne ein Wort mit mir zu wechseln, und verließ schweigend meine Wohnung. So vernünftig hätte ich es gern gehabt. In Wirklichkeit warf sie ihr Limoglas in meine Richtung und zertrümmerte meinen alten Fernseher, während sie das ganze Schimpfwörterlexikon in alphabetischer Reihenfolge auf mich nieder schrie. Sie beschimpfte mich nicht nur, sie zerstörte dabei auch meine ganze Wohnung. Das tat sie so lange, bis die von den Nachbarn gerufene Polizei vor der Tür stand. Was sagt man, wenn die Ordnungshüter wegen Todesschreien und Demolierungsgeräuschen vor deiner Haustür stehen, deine heulende Freundin sehen und von ihr die Aussage bekommen, er hat versucht, mich zu vergewaltigen.

Natürlich wurde ich verhaftet. Didem wollte es mir heimzahlen. Unschuldig wurde ich in Handschellen von zwei Beamten in den Polizeiwagen gezerrt. Mein erster Tag wieder in Deutschland. Ich hatte Schwierigkeiten, war aber nur froh, wieder diese deutsche Ordnung in der Wache zu spüren. Ich hatte keine Probleme, denn die Geschichte mit Didem und unserem kommenden Kind war lösbar. Alles erschien viel einfacher. Alim hatte es da schwerer. Alims Bekannter, der seit vier Jahren in Deutschland lebte, wurde abgeschoben. Er hatte alles versucht, sogar die Masche mit der falschen Frau. Doch die Idee der Scheinehe scheiterte, da er so kurzfristig keine passende bestechliche Gemahlin fand. Die letzte verfügbare käufliche Frau hatte vor knapp zwei Monaten geheiratet. Früher gab man einer Frau 10.000 Deutsche Mark und positionierte in ihrem Badezimmer eine Zahnbürste für Notfälle. So konnte man die Behördengeier umgehen. Der Euro kam, und unter 15.000 Euro war die Masche nicht mehr möglich. Die Behörden hatten inzwischen alle Tricks schon gesehen und überprüften alles, sogar die Anzahl der Schuhe in der Wohnung. Eine Zweckehe hieß in so einem Fall wirkliches Zusammenleben.

Die Strukturen des Systems ermöglichten weniger Spielraum. Familien mit Kindern, die aus dem ehemaligen jugoslawischen Kriegsgebiet stammten und seit Jahren in Deutschland lebten, sollten in die Heimat zurück. Klingt so weit logisch, man bietet einer Familie Schutz, solange Krieg ist, und wenn der Krieg vorbei ist, verlässt man Deutschland. Aber deren Kinder sind hier ein Jahrzehnt zur Schule gegangen, hatten all ihre Freunde hier und können besser Deutsch sprechen als ihre eigene Muttersprache. Im eigenen Land müssten sie komplett neu beginnen. Moslems hatten noch den Religionswechsel als Ausweg, um nicht abgeschoben zu werden. Die religiösen Staubsaugervertreter waren daher immer auf der Jagd. In die frei evangelische Gemeinde eintreten, um nicht abgeschoben werden zu können. Für den streng religiösen Bekannten Alims kam eine Konversion nie infrage. Ein loyaler Mann, der wegen seiner Treue zu seiner Religion mit der Abschiebung belohnt wurde.

Ela

Didem ließ mich nicht lange leiden, schließlich war ich der Vater ihres heranwachsenden Babys. Didems eingedeutschten Familienmitglieder waren immer noch Türken und von solch einer Situation gar nicht begeistert, ein vaterloses Kind. Sie stritt sich täglich mit ihren Eltern, während ihr Bauch immer größer und größer wurde.

Verzweifelt suchte ich einen Parkplatz im Parkhaus des Krankenhauses und wurde im eingeschränkten Halteverbot fündig. Mit einem hellblauen Plüschelefanten und Kiosk-schokolade im Arm rannte ich ins Krankenhaus. Didems Eltern schossen mir mit ihren Blicken die japanische Flagge in die Brust. Ich blieb freundlich, grüßte sie und kämpfte mich anschließend durch den kalten Krankenhausflur zu meinem Kind. Gefühllos und kalt wollte ich ihm begegnen, als ich durch die Tür trat. Ich glaubte, viele Augenblicke der Offenbarung erlebt zu haben, doch dieser Augenblick veränderte mein Leben. Ich bildete es mir nicht ein oder beschwor es herbei. Ich spürte die Veränderung. Ich spürte die neue Energie in meinem Leben. Ein Wesen, das mir wieder etwas bedeutete. Meine Tochter Ela.

Ela, genannt nach Didems Großmutter. Dieser Name stand bereits fest, bevor ich Didem überhaupt kennengelernt hatte. Ein winziges Wesen, das die schönen Dinge dieser Welt noch entdecken wird. Klein und zerbrechlich. Ein Duft wie im Garten Eden. In so einem Augenblick ist man anfällig für die religiösen Vertreter, die einem dieses unerklärliche Ereignis als göttlich verkaufen wollen. Als ich sie ansah, wusste ich auch nicht, wie man diesen Anblick – außer mit Gott – sonst erklären könnte. Ela umhüllte alles. Eigentlich wollte ich sie gar nicht an mich heranlassen. Ich wollte das Plüschtier und die Schokolade loswerden, etwas zuverlässig wirken und wieder in mein Leben fliehen. Aber Ela strahlte so eine Kraft aus, dass ich ohne sie einfach nicht mehr sein wollte. In ihr sah ich die Liebe meines Großvaters, Kurosh und das Lachen meines Onkels ineinander vereint. Warum konnte ich diese Glückseligkeit nicht vorher ergründen? Ich sah Didem tief in die Augen und sprach ohne Worte Danke.

Die Tragödie

Vier Jahre später. »Mein Zahn wackelt«, nuschelte Ela, während sie mich an einem Sonntagmorgen aus dem Bett zerrte. Ich setzte mich vernebelt und noch leicht verträumt in meinem Bett auf und nahm sie auf meinen Schoß. Sie schaute mich von unten an und sagte wieder erstaunt: »Mein Zahn wackelt.« Dabei betätigte sie mit ihrem kleinen Zeigefinger einen ihrer winzigen Eckzähne wie eine Autokupplung.

Fünf Stunden hatte ich gerade mal geschlafen und konnte einfach nicht auf so einen süßen Anblick sauer sein. »Komm, wir schreiben der Zahnfee eine Nachricht«, sagte ich zu ihr, während ich mit ihr auf dem Arm in die Küche rannte. Ein gemeinsames Frühstück auf der festen Zahnseite und wir machten uns fertig, um in den Zoo zu gehen. Den Zoobesuch hatte ich ihr schon letzte Woche versprochen. Gelangweilte Elefanten, schlafende Löwen, Giraffen, jede Menge lustige Affen und ein Eisbecher als krönender Abschluss für einen schönen Sonntagsausausflug mit meiner Tochter.

Auf dem Heimweg fiel mir in der Menschenmenge diese Person auf. Seine Augen waren mir bekannt wie meine eigenen. Er saß auf einer Bank und brabbelte etwas vor sich hin. Mit Ela an meiner Hand stand ich einige Sekunden regungslos da und beobachtete diesen Mann. Plötzlich erkannte ich ihn. War das ein Traum? Unglaublich, aber wahr, vor mir saß mein bester Freund. Ich stand da und grübelte noch. Drei Jahrzehnte hatten das Gesicht verändert, doch diese Augen mussten es sein. Sie hatten die Abenteuerlust verloren und waren müde und erschöpft, aber trotzdem waren sie einmalig und leuchteten mir direkt ins Herz. Ein versteckter und leicht zu deutender Ausdruck, wie am ersten Schultag, wo er von unserem Lehrer geschlagen wurde, lag in der Luft. Er musste es sein. Vor mir saß Kurosh. Ich zögerte einen kurzen Augenblick, holte tief Luft, um seinen Namen wieder in meinem Leben zu rufen.

Ein heißer Sommertag, die Sonne schien, Eiswaffeln, so weit das Auge reichte, Menschen im entspannten Spazierfieber und mein Ruf »Kurosh« – alles ertrank unter einem lauten Knall. Der Mann zog eine Waffe und schoss wild um sich. Alles ging so schnell. Er traf Ela in die Brust. Ich schrie und drehte mich zu ihr, um sie zu schützen. Dabei wurde ich an der Schulter getroffen und fiel mit Ela auf den Boden. Schwärze. Bevor die unerträglichen Schmerzen des ersten Schusses mein Gehirn erreichen konnten, traf mich auch schon von hinten der zweite Schuss. Langsam und qualvoll verblutend lag ich neben Ela und sah, wie ihre Seele kriechend ihren

Körper verließ. Schluckaufartig zog sie die letzten Atemzüge des Lebensfunkens in sich hinein und kämpfte vergebens um ihr Dasein. Die Atemabstände wurden immer langsamer und langsamer, bis Ela einfach aufhörte zu sein. Stille. Die Sprachmelodie meiner Tochter hörte mit einem verzagten Luftgriff auf zu musizieren. Wie in Trance lag ich neben ihr, nahm die Situation machtlos hin und wurde ohnmächtig. Nur eines nahm ich mit in meinen schlimmsten Albtraum. Kurosh, mein bester Kindheitsfreund, sog meiner Tochter Ela das Leben aus ihrem Körper.

Ich will zurück. Zurück zum Anfang. Der trockene Garten meiner Eltern, kniend auf dem Boden, und wieder von vorne beginnen. Ich will zurück zu meinem Vater, der mich schlug, um nicht diese Schmerzen ertragen zu müssen.

Stopp. Dachtet ihr wirklich, jetzt kommt der Moment, wo mein Kindheitsfreund Kurosh »Allahu Akbar« ruft und auf offener Straße als Terrorist willkürlich Menschen inklusive meiner Tochter erschießt, um zu irgendwelchen Jungfrauen im Himmel gleiten zu können? Die moderne Shakespeare-Tragödie. Der Opfer-wird-zum-Täter-Moment. Ich muss euch leider enttäuschen, so kam es nicht. Ich hatte Kurosh vor einiger Zeit auf einer Social-Media-Seite entdeckt und mit ihm Kontakt aufgenommen. Es war komisch, ihn als einen erwachsenen Mann zu sehen. Er lebte in Österreich, war verheiratet und hatte zwei Kinder. Eigentlich keine große Entfernung, um sich zu treffen, doch wir hatten beide kein Interesse, die dunklen Seiten unserer Vergangenheit auszugraben. In seinem Gesicht konnte ich meine Narben erkennen. Wir hatten uns nicht mehr viel zu sagen. Daher gab es kein Drama. Ich bin hier groß geworden und durfte ein Stück vom Kuchen der Freiheit probieren. Warum sollte ich es zerstören wollen? Warum sollte Kurosh es zerstören? Ich bin ein Teil von euch, ein Teil Deutschlands. Ich baue es mit auf, präge es, verändere es mit und beschütze es, wenn es sein muss. Ich bin ein nicht-weißer Deutscher.

Die Erkenntnis

Ich habe Wetten dass, RTL Samstag Nacht und sogar RTL2 gesehen. Ich kenne Stefan Raabs Maschendrahtzaun, Edmund Stoibers Transrapid-Rede und Fanta Viers »Die da«. Ich bin ein Deutscher. Ich reserviere Strandliegen mit meinem Handtuch, ziehe im Sommer Sandalen mit Socken an und sitze in Biergärten. Ich bin ein Deutscher. Ich kenne Dieter Hallervordens Palim-Palim, Ingo Appelts »Ficken« und Loriots »Ich will hier nur sitzen«. Der ICE in Eschede, die Love-Parade in Duisburg oder der Anschlag in Hanau sind auch meine Tragödien. Ich bin ein Deutscher. Ich bin pünktlich, schwinge bei WM-Spielen die deutsche Flagge, gehe wählen, zahle meine Steuern und GEZ-Gebühren. Ich habe die Blechtrommel, das Parfüm und die Leiden des jungen Werthers gelesen. Ich liebe Schützenfeste, Weihnachtsmärkte und Glühwein. Ich trinke Bier, esse Brezel, und Bockwurst mit Senf und trenne sogar Müll. Ich bin ein Deutscher. Ich jammere auch auf hohem Niveau und rege mich über die Benzinpreise auf. Ich habe mit Sendungen von Rudi Carrell,

Hella von Sinnen, Hape Kerkeling oder Joko und Klaas gelacht. Ich bin mit der Musik von Herbert Grönemeyer, den Toten Hosen und Westernhagen aufgewachsen. Ich bin ein Deutscher. Ich kann die deutsche Nationalhymne singen und auch aus tiefstem Herzen »lasst uns froh und munter sein« in der Weihnachtszeit trällern. Ich bringe mich ein, verorte mich, indem ich hier lebe, und nutze meine Talente und Fähigkeiten für dieses Land. Ich bin vielleicht nur ein kleines Zahnrad in dieser großen Maschinerie, aber genauso wichtig wie alle anderen. Jahrelang wollte ich es nicht wahrhaben, doch jetzt ist es mir bewusst. Hier ist meine Heimat.

Ich bin ein deutscher Staatsbürger.

ENDE

Danksagung

Ich möchte mich bei Armin Gewahl und Yusuf Caglayan bedanken, die mich bei der Realisierung dieses Buches unterstützt haben. Danke von Herzen.

Dir hat das Buch gefallen?

Ich freue mich sehr, dass du mein Buch bis zu dieser Stelle gelesen hast. Wenn es dir gefallen hat, wäre es toll, wenn du ihm bei dem Online-Shop eine Bewertung gibst, bei dem du bestellt hast. Oder du schreibst bei einem deiner Lieblings-Buchportale eine Rezension.

Es ist nicht nur sehr schön, Meinungen zu meinem Buch zu lesen. Außerdem hilft es mir auch dabei, weitere Geschichten zu schreiben und neue Leser für meine Bücher zu finden.

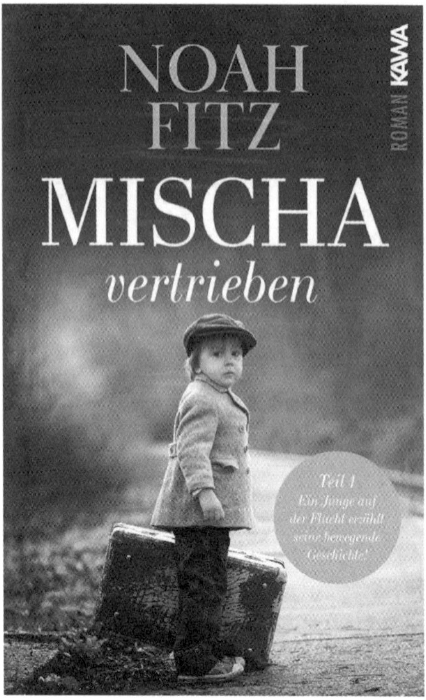
NOAH
FITZ
MISCHA
vertrieben
ROMAN
KAWA
Teil 1
Ein Junge auf der Flucht erzählt seine bewegende Geschichte!

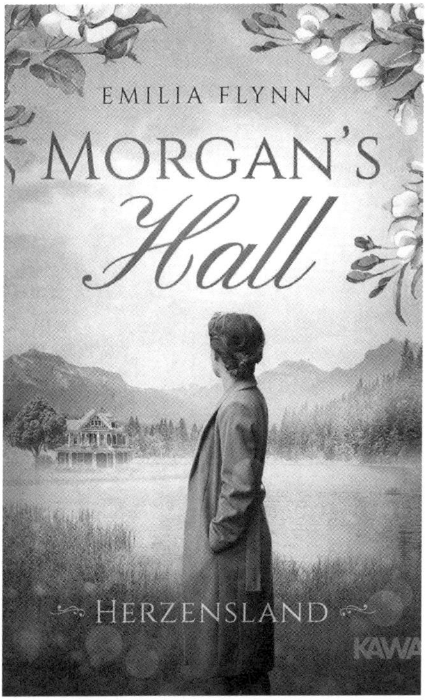
EMILIA FLYNN
MORGAN'S
Hall
HERZENSLAND